公共管理核心课程案例集丛书

# 领导力与决策案例及评析

高　颖◎编著

## LEADERSHIP AND
## DECISION-MAKING

中国财经出版传媒集团

经济科学出版社

Economic Science Press

图书在版编目（CIP）数据

领导力与决策案例及评析 / 高颖编著 . —北京：
经济科学出版社，2019.11
（公共管理核心课程案例集丛书）
ISBN 978 - 7 - 5218 - 1055 - 4

Ⅰ.①领…　Ⅱ.①高…　Ⅲ.①领导学 - 案例
Ⅳ.①C933

中国版本图书馆 CIP 数据核字（2019）第 234010 号

责任编辑：张　蕾
责任校对：齐　杰
责任印制：邱　天

领导力与决策案例及评析
高　颖　编著
经济科学出版社出版、发行　新华书店经销
社址：北京市海淀区阜成路甲 28 号　邮编：100142
总编部电话：010 - 88191217　发行部电话：010 - 88191522
网址：www. esp. com. cn
电子邮件：esp@ esp. com. cn
天猫网店：经济科学出版社旗舰店
网址：http：// jjkxcbs. tmall. com
北京季蜂印刷有限公司印装
710 × 1000　16 开　11.5 印张　190000 字
2019 年 12 月第 1 版　2019 年 12 月第 1 次印刷
ISBN 978 - 7 - 5218 - 1055 - 4　定价：58.00 元
（图书出现印装问题，本社负责调换。电话：010 - 88191510）
（版权所有　侵权必究　打击盗版　举报热线：010 - 88191661
QQ：2242791300　营销中心电话：010 - 88191537
电子邮箱：dbts@ esp. com. cn）

# 前　　言

　　继第一部和第二部关于领导力与决策的案例集分别于 2013 年和 2015 年出版之后，如今，又一部基于公共管理硕士（MPA）课堂讨论和总结而生成的案例集终于编辑完成。时隔多年，我们所处的经济社会大环境发生了很多变化，行业发展也出现了很多新趋势，这些都在同学们课上提供的案例素材中有所体现；能够将不同的经历、观点和思考总结出来与更多的人分享，实在是一件有意义且令人开心的事情。

　　本书所辑的故事和案例分析来自北京师范大学社会发展与公共政策学院 2016~2018 级 MPA 同学的课堂讨论，案例的素材均为他们亲历或亲见的、与自身工作密切相关的事件和问题。这些同学来自不同性质的工作单位，包括政府部门、事业单位、企业，以及非营利组织，他们提供的故事有大有小、有纠结有困惑，但都值得我们回味、思考和借鉴。

　　这一系列案例集的诞生源自对一种互动和讨论式教学方法的尝试。2010 年秋天，北京师范大学社会发展与公共政策学院（简称社发院）迎来了首届 MPA 学生；作为 MPA 的学位专业课，领导力与决策于 2011 年秋季开课。对于课程内容的安排和授课形式的设置，我们本可以采取一种相对保守的"循规蹈矩"的方式，即按照大多数管理类课程的做法，以西方经典的领导学理论的发展脉络为核心来进行课程设计。毕竟在这一教学模式下，理论相对成熟和完善，课程所需的案例比较容易找到，"传授知识"的授课目标也易于实现。但是授课过程作为"教"与"学"的一种交互，还必须要考虑到学生们的切身需求。

与全日制的学术型硕士研究生相比，MPA同学在很多方面有其独特性：因在职学习，只能利用周末的休息时间来上课；至少有3年的工作经历，因此社会经验比较丰富，对很多问题都有自己独到的认识和理解；师生之间、同学之间的交流时间有限，因此周末两天的上课时间弥足珍贵……最主要的是，在工作了若干年之后重返校园，这些同学几乎都是"带着问题回来的"，也就是说，他们的诉求和目标更加明确，那就是希望学到更多有用的东西充实、提高自己，为工作实践服务，同时也能有助于个人未来的发展。在职学习意味着"全年无休"，其辛苦不言而喻，而且在我院的MPA同学中，不乏来自河北、山东和江苏等外省份的同学，每个周末往返于北京和工作地，为了求学不辞劳苦地奔波，非常让人感动。所有这些都促使我们努力去探索一条教与学的新路，让大家能够最大限度地从课堂学习中有所收获；如果课堂所授的东西大家在业余时间找找资料、翻翻书也能得到的话，那恐怕就对不起同学们费时费力又费钱的一番付出了，特别是在当今慕课（MOOC）流行的背景下，照本宣科式的传统课堂教育面临巨大挑战。

另外一点考虑是基于课程本身。理论，特别是管理学、领导学方面的理论，需要经过本土化的洗礼才具备实战价值。具体到领导力与决策的问题，很多理论的有效性和实用性更是与特定的文化背景息息相关，一些在西方文化背景下经受了严格实证检验的理论，放到中国的大环境中往往会出现"水土不服"。可以将这种"水土不服"的现象归结为中国文化、思维和处事逻辑的独特性，这也给我们的课程设计以很大的启示和警醒：一方面，在我们介绍并试图推广一些经典的领导力理论之前，必须审慎地考察其跨文化的普适性，只有充分考虑到经济社会文化背景、具体问题具体分析的领导策略才能更好地服务于实战需要；脱离实践和现实需要的授课只能是纸上谈兵，毫无实际意义。而另一方面，MPA同学之间确实有着很强的相互交流和学习的意愿，也愿意进行自我展示，有了这样的支撑环境，本课程"以学生为主导、以满足学生需求为导向"的教学模式也就走出了尝试性的一步。

在课程内容方面，我们选择以系列主题的形式来安排并贯穿两条线索：明线按照领导实践中的相关内容来安排，包括识人用人、协调沟通、团队协作、授权控制、危机决策、推动变革等；暗线则依照西方领导学研究的进展，将特质理论、领导行为理论、权变理论、替代理论和自我领导理论等的思想和适用于中国社会文化背景的结论贯穿到各主题内容中，旨在使理论与中国的社会现实和领导环境相结合，学以致用。

在案例选择方面，我们采取了"问题导向"，即本着"取之于民，用之于民；解决问题，服务实践"的原则，由选课同学自己根据身边发生的事情（可以是自己的亲身经历，也可以是同事、朋友的经历）来编写案例、提出问题。相比于当前 MPA 或工商管理硕士（MBA）教学中普遍采用的经典案例模式（如以某些知名企业为例展开分析，或者结合理论教学的需要编写一些虚拟组织的故事等），本书所辑的这些案例都是鲜活的、真实的，案例的素材均为大家亲历或亲见的、与自身工作密切相关的事件和问题，故事中的某个人因陷于某种困局而求助于大家，大家则结合自己的经验或思考支招解惑；在同学们充分发表个人见解、思想相互碰撞的同时，最合理和适当的解决方案也就逐渐产生。

我们的具体做法和步骤是：（1）请大家留心收集日常工作中遇到的问题和困惑（可以是领导的问题，也可以是下属的问题），比如与领导的矛盾和冲突、与下属或同事之间的误会等，要具体叙述一个场景、故事或事件，然后提出问题，可以是自己感到无奈的问题，也可以是看到或听到的其他人的问题，但不能泛泛提问，比如"如何取得领导的信任""如何凝聚人心"等；（2）愿意提问或分享的同学把小故事和问题发到老师的邮箱，随时有随时发，多多益善；（3）老师将大家发来的素材进行归纳和总结并稍加处理（主要是隐去姓名、单位等，保护隐私），在课上结合当堂所论及的主题选择若干个案例，在"大家来支招"环节中组织大家进行讨论，课后责成特定的小组进行总结，并请大家从论述的深度、全面性、完整性、适用性和可行性等几个角度对不同的观点和解决方案做出评价；（4）临近期末时，老师将大家提供的所有故事和问题总结在一个文档中群发给大家，每个同学任选其中若干个故事（至少2个，通常是自己印象深刻并且最有想法的）给出自己的观点和建议，发回给老师；（5）老师把所有同学的选题和见解进行整理和编号，汇总起来再发回给全体同学，请大家进一步学习和评价，以此弥补课堂讨论的不足，最后请大家通过投票评选出"优秀见解"。

在授课和讨论的侧重点方面，我们一方面偏重于领导者个体，即在既定的社会大背景和体制环境下（这些都是短期内无法有根本性改变的），如何努力把工作做好、把问题和困难解决，而不是去探讨深层的制度原因；另一方面偏重于可操作性，即分析和确定具体的操作方法及手段。对于思想道德和意识形态方面的内容我们毋庸多言，对于理论基础我们会论及但不赘述，重点放在对问题的具体处理方式的讨论和分析上，通过诸多观点的碰撞打破原来的思维局限和固有模式，让大家看过之后马上可以在实际工作中用起来并发挥一定作用；总之通过对一系列既敏感又实际的问题的探讨，把领导力与决策的艺术落到实处。

如今，这一课程组织方式已经经历了近10年的尝试，得到了很多同学的认可，充分的讨论和集思广益也让大家受益良多，而且每次课的课堂气氛都非常放松，热烈而欢乐的场景至今仍历历在目。

同学们的收获主要体现在以下三个方面：

第一，很多同学从大家的建议中得到启发，在解决问题的同时也把自己的工作很好地向前推进，这应该是一个最大的收获。一方面，大家提出的问题涉及工作中的诸多方面，核心则围绕着有效领导和领导层级间的关系。班上同学以年轻人为主，就管理层级来说，大多处于单位的中层和基层，但几乎人人都有一定的"领导"经历，因此大家都希望能提升自身的领导力，成为一个卓越、高效的领导者。另一方面，与更上一级的领导打交道又是工作中的重要部分，大家亦希望与自己的领导建立融洽的关系，毕竟在一个既定的体制条件和相对稳定的组织架构内，要顺利晋升至更高的领导层级，首先要做一个好的"被领导者"。从课程结束后同学们的反馈来看，大家相互间的经验交流和指点无疑对自己改善工作和领导关系大有裨益，而且是一种注入了"正能量"的积极改进，并非牢骚和抱怨之后的消极对抗。

第二，大家从各自提供的案例和问题中看到了不同行业、部门的工作性质和特点，了解到"原来哪个岗位都不容易"。班上的同学以政府部门和事业单位的"体制内"人士居多，但也有一定比例的同学来自非营利组织和企业，大家曾经一度相互"羡慕"，总觉得别人的工作环境更舒适、上下级关系更简单，而自己则整天被各种纷扰和矛盾搞得焦头烂额。然而，当看到大家所面临的各种困惑和纠结时，很多同学都意识到，真是"人人有本难念的经""各行都有各行的难"，无论哪类行业部门、哪种单位性质、哪个岗位层级，想把工作做好都非常不容易，于是心理上平衡了很多，心态也随之淡定了很多。

第三，一些同学在大家的充分讨论和点拨之后意识到了自身的问题所在，改变了心态和看待问题的视角，可谓这一课程组织方式的有益的副产品。事实上，在大家所提供的故事中确实不乏"控诉型"和"抱怨型"的，当事人往往站在自身的角度去陈述问题，具有很强的"受害者"倾向，仿佛上级和下属都跟自己过不去，都在故意坑害自己。好在案例的提供是匿名的，在不知晓提供者的情况下，同学们讨论起来也就无所顾忌，不少发言直指问题的要害所在，即当事人只顾抱怨别人而忽视了反省自身。很多点拨确有醍醐灌顶之效，让一些同学在"被拍砖"之后亦心怀感激，毕竟"态度决定一切"，健康、积极的心态利人利己。

　　这部《领导力与决策案例及评析》相当于之前两部《领导力与决策》案例集的续篇，全书内容的编纂基础是 2016～2018 级 MPA 同学的课堂讨论，因此本书也是对近年来课程内容的一次系统回顾和记录。在诸多案例故事中，本书择取了其中比较有典型性的、大家关注和发表见解较多的 20 个，并根据其内容特点大致划归为四大类：职场成长的磨砺、规则制度的设计与执行、工作中的沟通协调、机遇规划与个人选择，这一分类也是全书的基本框架。遗憾的是，由于课程的课时有限，因此无法对大家提出的所有故事都进行充分讨论，同时由于参与人数众多，也无法让每个同学都针对案例充分发表自己的意见并展开深入辩论。在期末进行自由选题和提供见解的过程中，大家的选题也略显分散，于是难免有一些精彩的故事"无人问津"。因此在最终进行案例总结和选择时，时时感到纠结和遗憾，很多时候不得不"忍痛割爱"了。

　　由于每个故事的背后都有着强烈的"解决问题"的渴望，因此我们在讨论过程中也就格外注意建议的可行性和处理方法的可操作性，避免大而虚的指导和说教，重在实用；此外，我们也不过多探讨体制问题和社会大背景这些短期内无法改变的东西，而是专注于在体制和政治路线既定的条件下，如何圆通和艺术地解决问题，并在长期逐步提升个人的素质、能力和水平。

　　本书所辑的案例均经过了同学们的热烈讨论和认真总结，不少同学现身说法、讲述了自己的类似经历和心路历程，大家群策群力地给出了很多观点和建议，通过集体的智慧切实解决了实际工作中的诸多困惑。衷心希望本书的出版能够丰富 MPA 相关课程的教学内容，也希望书中的故事能够让更多的人受到启发，在提升领导力、改善工作关系的同时也得到更好的个人发展。

# 目 录
## Contents

# 1. 职场成长的磨砺

本单元的案例有个共同的特点，就是读起来"真累"——替故事中的主人公们累，可谓身心俱疲，相应地，我们会产生一系列的情绪，包括无奈、同情、憋屈、不平，乃至愤怒……然而，这些故事映射出的恰恰是职场的现实，结合我们自身的工作经历，又有谁是完全一帆风顺的呢？在成长过程中总是要经受若干磨砺，不同的是，有人被打倒进而一蹶不振，有人则经受住了考验于是更上一层楼，关键在于以怎样的心态和方式去处理这些不够愉快的经历。有些事情越早知道越好，有些观念越早树立越有利于职业发展。

这些案例中，有个非常典型的现象值得我们拿出来分析，在入职不久的新人中尤为常见，那就是工作琐碎繁杂量又大（又称没技术含量）的情况下，从工作中感受不到"价值"。那我们就来谈谈工作的价值感的问题。

工作的价值感通常来自两个方面，一是投入到工作中的时间和精力所带来的"充实感"，二是基于工作成果而产生的被肯定、赞扬以及称羡的"成就感"。需要指出的是，这两方面的价值感通常都不会来自"被动工作"，而一定是来自个人的主动投入以及由此产生的成长的感觉；然而在现实的工作中，完全做自己有兴趣、有价值、"出彩"的事情几乎是不可能的。于是问题就产生了，一种常见的表现是，在忙碌完一天天琐碎的工作之后，心中开始愤愤不平："我整天被支唤着干这个干那个，活成这样子真是好失败啊！为什么××部门或者同部门的××就那么轻松呢？凭什么啊？××领导为啥就专门使唤我呢？是不是我好欺负？工作这么久了，成天就是打杂，啥时候才是出头之日啊……"这样的一个很自然的结果就是"不出活儿"+"累觉不爱"。有时候，我会比较直接地将这类问题归因于"想得太多而具体事情做得不够"，而有类似困惑的同学往往会感到很"冤"，他们会用各种例子佐证自己的勤奋努力和任劳任怨，然后很委屈地说"我都快累死了，怎么还说我做得不够呢……"其实我并没有否定这些同学的付出，我想强调的是，感受到价值需要一个过程，事情需要一件一件的做，目标也要一个一个的实现，很多时候是量的积累到了一定程度，遇到某个好的机遇，然后终于出现了质的变化；可惜很多人在这个过程中太急于收获，很难保持始终如一的热情和专注，于是探寻价值的道路便越发漫长而无望了。

如何获得价值感？怎样避免"想得太多而具体事情做得不够"呢？这里提供两个关键词——用心和主动。

记得很久以前曾经看过一部纪录片，讲的是香港的"珠宝大王"郑裕彤的成长往事。郑裕彤出身贫寒，为了养家糊口，小学毕业就到周大福金铺去当学徒了。年纪小、没什么文化，郑裕彤是个再普通不过的小伙计，每天边打杂边学习店铺经营；只是和其他伙计相比，郑裕彤除了踏实做好本分工作之外，还特别爱观察、爱动脑筋，经常用心琢磨如何多做一些有利于金铺发展的事情。

有一天，老板让郑裕彤到码头接一位亲戚，正好看到有一位南洋侨商上了码头，向人打听哪里可以兑换港币。郑裕彤灵机一动，走上前去说周大福金铺可以兑换，而且价格也特别公道，并立即带路将这位侨商带进了周大福，之后又马不停蹄地赶回码头接老板的亲戚。这位侨商顺利换到了港币，后来成了周大福的一个大客户。郑裕彤的这一做法则让周老板大为赞赏。

周老板多次发现，郑裕彤总是在店铺开工之际才气喘吁吁地跑进来，心中略有不悦，于是就问他为何总是如此匆忙。郑裕彤回答说，有些珠宝行开工时间早，自己是去看别人做生意去了。周老板颇感意外，又很好奇，问他看出了什么名堂没有。郑裕彤总结说："我看有些店的生意做得很精明，只要客人一进店门，店里老板、伙计就马上笑脸相迎，有问必答；无论生意大小，一视同仁；即使这回生意做不成，也能给人家留下一个好印象，下回客人很可能还会光顾！另外，店铺一定要开在做生意的旺地，门面装修也要讲究，做珠宝生意就更要气派了。我觉得这些还挺值得我们学习的。"郑裕彤的话让周老板对这个小伙计刮目相看，他没想到这些经商要领能被这个小学徒总结出来。自此之后，周老板开始有意识地指导和培养郑裕彤，还将女儿嫁给了他。再后来就是众所周知的了，郑裕彤成为香港金行的龙头老大"周大福"的掌门人；在郑裕彤的经营下，"周大福"已经成为珠宝行和金铺的代名词。

这段故事给我留下了非常深刻的印象。试想，如果当时郑裕彤面对那位兑换港元的南洋侨商是这么想的："金铺又没多给我工钱，多拉个生意估计也不会有提成吧，再把接人的事情耽搁了，算了不管这闲事了"或者是："店里好像没这业务吧，万一惹老板不高兴呢，还是少给自己找事吧"，如果他每天只是做好分内的工作，不主动去琢磨怎么做生意，而是想："我一个小伙计，操这份心有什么用啊？不会有人把我当回事的"，那么结果又会怎样呢？这些方面郑裕彤确实没想太多，甚至根本"没想法"，他只是主动去做了，而不是被动等待别人的安排才去做的；这或许就是工作中的"有心人"的一个特质——不管一件事情与自己有没有直接关系，也不管自己的职位多么普通，他们都会当仁不让地去做，而机会往往就会因此而产生。在他们看来，工作不是被动应付，而是主动地创造性地去解决问题。

有人也许会说，郑裕彤能成为珠宝大王是命定的，我们这些普罗大众能有多少人做到那个层次啊！而且我的工作真的就是简单重复，没啥值得我深入思考和主动投入的……事实上，我们稍微留意一下就不难发现，其实身边真的不乏让人眼前一亮的快递员、小店铺的售货员、行政助理、送水员、自行车修理工……亮点就是他们神采奕奕的工作状态，以及发自内心的真诚和热情，让人一见到他们就精神为之一振。我就有过这样的亲身经历。

我家附近有家华堂商场，我经常带我家小朋友去那里逛。商场地下一层的超市区外围有一排小店铺，每个小铺不过两平方米见方，卖各种特色小吃，其中一家是卖煎饼的。照看店铺的只有一个20来岁的小伙子，从招呼客人到制作、售卖、包装、收钱一条龙服务，忙得不亦乐乎。不忙的时候小伙子会时不时吆喝几声，憨笑着看看来往的顾客，但不会离开，偶尔还会帮忙照看一下邻居店铺的生意（其他铺位经常会出现想买东西找不到人的情况，但这个煎饼铺还真没有，至少我的经历如此）；高峰时段店铺前会排队，小伙子则会加快动作节奏，一边忙活一边招呼后面排队的顾客："不好意思让您久等了，我抓紧哈"，边说边娴熟地完成一系列程序，对每一位顾客都是笑着迎来送往。我家小朋友喜欢吃加肉的煎饼，所以但凡去商场逛，基本都要光顾这个煎饼铺的。大概在我们第三次去买煎饼的时候，小伙子就很亲切地叫出了小朋友的名字，笑眯眯地主动招呼说："小朋友又来了，煎饼好吃吧？这次还要加点肉是不是？微辣、不放葱花，对吧？还有其他要求吗？"我不禁感到惊异，毕竟每天那么多顾客，他竟然能记得如此清楚。再后来，买煎饼的次数多了，我发现这个小伙子的"回头客"还真不少，煎饼到底有没有那么好吃还真不好说，但我想至少有一部分原因是，这个小伙子的真诚和热情让人感到很暖心。最近有一次，我们再去卖煎饼的时候，铺位里面是一位操作不那么熟练的中年人，原来是老板本人过来了，我就随口问了一句那个小伙子怎么没来，结果一下子勾起了老板的伤心事："你说的那孩子上礼拜辞职啦，回老家自己开店去了。真是可惜了，我最得力的一个小伙计，聪明又实诚，一个月6000元都留不住啊……"听了老板的话，连我这个顾客都不免感到惋惜。6000元在北京算不上高薪，但是能干的人迟早会自立门户应该也是事实，而离职之后还能让前老板怅然若失的又能有几人？能做到这种程度，大抵不会纠结"价值感"、焦虑"发展方向"了吧。

　　总而言之，会主动工作就不会又累又焦虑。但凡当领导的，都希望自己的下属能自觉工作、主动承担，而这对于员工自身而言，也确实是有好处的。这里强调"主动工作"，倒不一定非要体现在增加工作量上面，而主要体现在对工作的思考上——包括提高自己的工作效率、主动承担并完成重点工作、减少因为自身准备不足和长期忽视而导致的突发问题、避免"被工作追着干"的被动局面，等等。从这个角度讲，不加考虑地接手别人丢过来的工作（特别是那种资源不足的工作）是比较忌讳的，如果因为自己具有特长反而陷入了越来越多的额外工作，但是却没有获得更高收益（包括薪资、福利、奖金、晋升等），那么跳槽或者"涨价"就该进入考虑范围了。

　　从操作的层面讲，一方面，主动工作意味着不断总结工作中的规律，沉淀自己的办事经验和相关资源；另一方面，也要做出"增量"，即能够让领导和其他人看出成绩的"政绩工程"。比如单位或部门里有了新业务、新项目或新职能的时候，大部分人可能会抵触，因为进入新的领域会有压力，这也是人之常情；尤其是在没有类似"加薪升职"的激励的情况下，大多数人的反应是"不想理睬这个事情"，但对于有了专业知识技能储备或者希望有所突破的人来说，这往往是一个展示自己的机会。如果能够抓住机会做"聪明人不想干、不聪明的人干不了"的活儿，那么有很大概率是会出彩的，自然也就体会到了"价值感"。

　　现实中这类"大事"可能不多，而常规的琐碎工作未必就没有机会。我听朋友讲过这样一个事情，她所在的事业单位聘用了一位"大姐"，其实年纪不大，35 岁左右，因为带孩子的缘故做了几年全职妈妈，重回职场难免被"歧视"，所以上岗之后被安排的全是杂活儿，诸如整理办公室过期的报纸杂志啊、设备维护报修啊、复印打印资料啊……这位大姐不仅不"挑活儿"，而且非常勤快利索，还对很多工作方法进行了优化，比如把报纸杂志进行了分类，并且在书架上贴了标签方便大家归位摆放，这样定期清理起来就非常方便；此外还系统总结了打印机、复印机和传真机的使用步骤，并且编制了"使用手册"，细致到什么规格的纸张放在哪个纸盒里、硒鼓怎么换、多久要考虑更换哪些配件等，都标示得非常清楚，这样一来不仅自己干活儿顺手，其他人临时要用一下的话，一看也就明白了。显然，这位大姐用行动证明了自己的价值。单位领导为了留住这位大姐，每年额外批了一笔奖金给她，结果，大姐虽然是个聘用人员，但实际报酬与体制内的"编制人员"相差并不多。这种做法不用多高的专业技能，也谈不上有多辛苦，关键是要"有心"，是真正把工作的事当作自己的事来操心。如果能以自己的工作补足领导想做但一时没顾上做的，或者大家普遍没有意识到、但确实会赞同的那部分工作，那么结果自然会事半功倍。

# 案例 1-1 "能者多劳"的窘境

小文在工作中兢兢业业，对于各项任务都努力保质保量地完成，得到了领导的肯定和赞赏，与此同时也被寄予了更高的期待，面临着更多、更难的工作任务，经常加班还不容有闪失，否则就会招致领导的不满；而部门的其他人员却相对清闲，也更为领导所包容。到底哪里出了问题呢？

## 故事

小文毕业后进入了政府部门，在目前的单位工作了几年，现在也算是科里的"老人"了，且自认为是一个工作踏实认真的好员工。小文是个急性子，办事干脆利索，干工作向来本着"今日事今日毕"的原则，不喜欢拖沓。

一方面，对于领导布置的任务，小文从来都是按时或者提前完成，领导非常满意也很开心，可是时间一长，领导给的任务越来越多、越来越难，慢慢地必须要加班加点才能完成，而且不能有任何松懈和差池，一旦有特殊情况无法及时完成，领导便会不太高兴，认为小文是有意拖沓了。而另一方面，科里的其他员工却都很清闲，小文一个人的工作量远远超过了其他同事的工作总量，但是领导似乎对其他人的工作干不完的情况很宽容（科里的员工没有任何裙带关系，大家的学历和专业背景也都相当），唯独对小文不够体谅。

## 问题

小文目前工作很累，任务来了既不能推脱，也不能辜负领导对自己的信任，但是接受了过多的新任务又干不完，对于自己的解释领导也不以为然。对此窘境小文该怎么处理才好？

## 见解

### 观点一

在这个故事中，对于劳累的小文，我觉得首先需要考虑以下几个问题：（1）小文做的这么多工作中，与核心业务相关的工作占多大比重？（2）小文的"今日事今日毕"这个节奏是自己规定的、还是单位的统一要求或者项目进度的规划要求？（3）领导的信任来自哪里？体现在哪些方面？而后来领导不够体谅小文又有哪些表现？仅仅是不高兴吗？（4）其他同事是真的很清闲吗？还是小文自己的主观感受？

我从这个故事中有以下几点发现：

第一，小文的大多数工作恐怕没有太多技术含量，大多属于杂务类的工作。原因有二：一是如果是一个系统性的工作，大抵是不可能"今日事今日毕"的，而必须是一个团队、系统相互配合的结果；二是故事中的其他人都很清闲（如果确实如此的话），说明领导在做事和分配任务的过程中并没有刻意培养小文的领导协调能力。

第二，小文缺乏一定的自我管理和谋求进取的预期管理。具体表现有二：一是文中谈到"小文自认为工作踏实认真……是个急性子"，可见小文并没有把自己放在一个具体的工作环境中调整自己的行为，而是坚持自己的工作风格，不做调整或者是他对现实的工作环境缺乏全面的了解和评估；二是案例中领导之前很高兴，但之后就经常不满，来自小文的工作方式可能短期会取悦领导，但当遇到更复杂、更繁重的事情时就会让领导产生过高预期，也会对其他同事形成压力。

第三，小文缺乏对表象和内在本质的总结。小文已经在单位多年，为什么会造成目前这种尴尬局面，他是否认真总结过？我觉得很可能没有。原因在于，一是小文的工作越来越多，或许他并没有真正理解这些工作背后的诉求，否则杂事不会越干越多；二是领导的信任不一定是信任，同事也不一定很清闲。对小文的解释，领导并不采纳，很可能是领导无法看到小文的潜力而做出的无奈之举。目前，小文的处境已经比较尴尬，往坏处想的话，领导可能已经动了"雪藏或赶人"的念头。

总结一下，小文的困境来自同事、自我和领导三个方面，我对于小文的建议如下：

首先，搞好和同事的关系，团结同事的力量。同事很可能是领导评判小文表现的第二依据，但也是最直接的依据。从实践操作来说，这是一个有效的突破口。小文要看到同事对自己的帮助，多从同事那里了解工作的节奏、信息，让别人成为自己的帮手，而不是把自己孤立于团队之外、孤军奋战，否则很容易让人抓住把柄、吃力不讨好。

其次，学会自我管理和向上管理，多从环境和他人的角度考虑问题。小文既要看到别人，也要看到自己，即把自己放在环境中考虑问题。一方面，要让自己的节奏和环境匹配，发挥团队的力量；另一方面，要向上管理领导，提出开展工作的具体步骤，体现自己对事情的认知思考、宏观把握和落地操作，而不是一股脑全盘接受，这样才能让领导看到小文的周密和踏实，即努力做一头智慧和勤奋兼具的"老黄牛"。

再次，要学会创造性地工作，不是把小事做多，而是要把小事做大。小文如果有升职的诉求，想要上升为领导，那就一定要拿出整体出彩的业绩。如果没有这样的机会，自己就要创造机会。要抓住部门的发展方向和自身工作的结合点，创造出能为部门出彩的工作，这样小文就能顺利成为重要工作的牵头人，获得领导的重视。

最后，在这个案例中，我个人也得到两点重要启发：一是在职场中要善于根据环境调整自己，千万不要自己一厢情愿和自以为是，要多考虑他人和整体环境；二是在职场中要抓住时势和机遇，善于总结和思考，同时打造个人的核心竞争力，要努力成为一个业务领域的专家，千万不要成为人人事事都能用的"万金油"。

### 观点二

我觉得这个故事所描述的情形就是行为经济学中的"锚定效应"，小文将自己的工作量和努力程度锚定在了一个比较高的水平上，所以才会变得越来越忙、越来越累，这种结果是必然的，但小文很可能没有意识到。虽然目前工作压力很大，但也不建议小文"破罐破摔"或者用消极怠工的方式来表达不满，作为成熟的职场人，还是应该以正当、正式的方式表达自己的想法、提出自己的诉求。

对于小文，我建议先梳理一下自己的工作，并且抱着恳切的态度与直接上级就工作量的问题进行一次深谈，在深谈过程中务必控制好个人的情绪，本着"可持续工作"的态度，向领导客观说明自己目前面临的困境，并且站在领导用人的角度，也替领导思考其难处，最好能提前想好解决的方案，例如，如果一直这样下去，自己的身体和精神难以持续承受，对于部门的工作来讲也不太有利。

一般来说，领导通常都是可以看到每个人的努力的，只是出于各种原因，不得不做出这样或那样的选择；当然也有一些领导的管理能力并不是很强，因此需要员工对领导做必要的"向上管理"，员工在业务上接受领导指示的同时，也可以间接地协助领导提升其自身的管理能力。

**观点三**

这个案例的情况在现实工作中还是比较常见的，特别是对年轻人来讲，是个常常会遇到的困惑和问题。一方面，参加工作几年后对各项业务相对熟悉，可以游刃有余地帮助领导处理各方面的问题，所以领导对这类业务熟悉又忠实肯干的年轻员工当然赋予了更多的工作重担；另一方面，年轻人参加工作后往往抱着多学习业务知识、争取得到更多认可与发展的态度，一开始也乐于接受更多来自工作方面的任务和挑战。但久而久之，一开始领导与同事的认可与肯定慢慢会成为习惯，而工作却越做越多，甚至可能出现做的越多、错的越多的情况，进而产生心理失衡与工作难以应对的问题，对这类情况，当事人一是要积极进行心理调整；二是要主动采取沟通策略，积极解决问题。

对于小文我有以下几点建议：

首先，小文需要调整自己相对急躁的心态。工作中"今日事今日毕"是好习惯，但有些工作并非自己单方面就可以解决的，需要上下沟通、各部门相互配合才能完成，日常工作中以"把工作做好"而非"把工作做完"为标准，心态放平和，才能冷静考虑自己面对的工作任务。

其次，对现有工作任务进行梳理——哪些是属于自己负责的工作、哪些是分工不清自己额外承担的工作、哪些工作别的同事也能够完成、哪些必须由自己负责……此外，还要审视一下现有的工作量是否在自己的承受范围内，如果不能承受，哪些工作可以建议领导分配给别人完成。

再次，带着建议跟领导进行深度沟通。通过自己的分析并形成清楚认识后，把自己的观点跟领导表达清楚，用事实说明自己的确难以承受如此多的工作，现有工作安排会严重影响到科室工作的质量，自己也难以承受。在取得领导对上述分析的认可后，再提出自己的建议，哪些工作可以由别的同事负责，并表示自己会尽己所能做好工作交接。

最后，有原则地做好以后的工作。对下属提出的工作建议，领导通常是会认真考虑并做出调整的，接下来，小文一方面应对自己负责的工作更加认真、细致地完成，让同事们认可自己的工作能力与承担的工作量，并且争取大家的支持；另一方面对于不属于自己的工作或自己无力承担的工作也要有原则的"说不"，分清工作职责、有序地开展工作才是一个科室良性的工作状态，才能促进组织的健康运转。

**观点四**

基于案例的描述，我对现实的可能性做出以下几种分析：一是科室中大家的任务量有可能是相差不大的，但人们在心理层面往往会认为自己承担的是非常多的，所谓"受害者心理"，这个情况是比较常见的；二是其他同事的工作量可能小文并不清楚，也容易产生误解；三是大家的工作能力不同，大致相当的工作量，其他人可能效率更高，而小文的效率相对较弱；四是真的如小文所讲的那样，存在故事中所描述的情况。

相应地，我提出如下解决方案：如果是第一种情况，建议多了解和学习一些心理学知识和理论，从心理上寻求平衡；如果是第二种情况，建议与其他同事多沟通、多互动，从多个维度评估工作量；如果是第三种情况，建议从任务分解的角度考察自己的能力，确认是否是自己的判断有问题，认识到衡量能力的维度是多元的，同时能够承认自己的不足；如果是第四种情况，建议在平复情绪的基础上同领导好好沟通一下现状、真诚表达自己的意见，并探讨领导特意培养的可能性。

最后补充几句。以我在体制内工作的经历来看，有以下几点感触：第一，很多领导其实都喜欢用新入职的人，因为新手工作踏实认真、还不是"老油条"；第二，领导很大程度上决定了你的年终评定，这个对于公务员而言是很重要的；第三，领导喜欢的人会用的更多，领导也会美其名曰"锻炼培养"，如果真有心要追求更高的领导层级，那就尽量做好领导布置的所有工作。领导用惯了某个人，自然提拔的机会也会增多。当然，如果小文并无太高的追求，只是想和其他人一样，那就向领导表明自己的态度，逐步推掉一些自己觉得不能完成的工作。

**观点五**

小文当前的窘境源自心理学上的"锚定"效应，因为小文对领导布置的任务都是按时或提前完成，所以领导自然认为小文有能力承担更多的工作。我的建议是，一方面，小文应量力而行，比如在干不完活的情况下可以单独和领导谈心，以保证工作质量为理由，坦白告诉领导自己的精力有限，质量和速度有时是矛盾的，无法两者兼得，艺术性地告诉领导要么给自己减少工作量，要么留出相对宽裕的时间，同时委婉建议领导合理分工，毕竟小文本身的工作量已经远超科内其他人员，如果领导再安排工作，小文大概率是无法按时做完的，再接手其他工作肯定会影响工作的进度，导致最终在截止时间交不了差；另一方面，小文不妨直接向领导表明自己的能力有限，无法胜任领导安排的新任务，可以推荐其他同事，比如小 A 在该领域更擅长，就建议领导把工作安排给小 A 来做，如果领导执意要让小文来做的话，小文不好拒绝，那就按部就班地做，并及时将手上的工作进度汇报给领导，一旦在截止时间交不出活儿或者质量不能让领导满意，那就诚恳接受领导的批评，并再次向领导表示在有限时间内只能做到这样的水平，自己确实已经尽力了。

**观点六**

故事里面提到"科里员工没有任何裙带关系，大家的学历专业也都相当"，能在这样的单位里面工作，小文应该算是很幸运的了。对于小文的困惑，我建议首先要摆正心态，既然大家都没有裙带关系，学历专业也都相当，那么小文所认为的"领导只对自己要求严格，对他人都很宽容"很可能有三种情况，一是小文的错觉，二是领导有意向培养小文，三是小文在一些不注意的时候得罪了领导。不管是哪种情况，小文都应该首先调整自己的心态，以公事公办、就事论事、不卑不亢的心态面对领导，也许就会发现其实领导并没有差别对待自己和其他同事。

此外，建议小文在日常工作中加强与领导的沟通，勤请示勤汇报，很多时候对领导的"意见"都是因为与领导的"频道"不一致所导致的。多与领导沟通，既能显示出自己对领导的尊重，也可以让领导多了解自己；不仅可以学习领导的工作方法，还可以向领导汇报自己的工作；此外尽量多观察同事的工作，很多时候不是领导分工不均，而是自己对别人的工作不了解。再有就是，可以向领导建议实行轮岗制，这样既可以多熟悉科室的不同业务，也有利于调整科室内部分工的不均衡。

**观点七**

小文因为工作踏实、麻利，领导愿意把工作交给他，但是超过了承受强度，建议小文既要权衡自己的工作重点，又要分配好工作时间，学会适当拒绝。

总的来说，建议小文注意好以下几点。一是要继续踏实工作，接手下来的工作就要认真完成，毕竟这是本职工作，可以梳理一下手头负责的工作，将工作分分类；在接到新工作时，先期将工作中遇到的问题做细化预测并做出几个应对方案，进行过程中及时向领导汇报过程和结果。二是对于超出精力和能力之外的工作要积极和领导协调，认真说明问题，因为平时工作比较踏实，所以提出难以承担时，领导一般不会认为这是推脱和懒散，让同事一起分担反而是为工作的质量和部门的业绩考虑，领导应该会做出妥善安排。三是和部门的同事们处好关系，避免他们认为自己是在推脱工作，另外在同事完成任务有困难时也要主动提供帮助。

以我个人的经历来说，单身的时候曾经花了很多精力在工作上，工作效率也很高，经常加班加点完成工作。但是结婚后，家庭的事务明显增多，加上每天需回家做饭，所以每到下班时间就回家了，此时我明显感觉到了领导的不满，后续我的做法是：（1）梳理工作流程，提升自己的工作效率；（2）整合工作的优先次序和截止日期，优先做紧急而重要的事情，不太重要的工作就稍微往后拖延一下；（3）在工作闲暇时，有意或无意地跟同事、领导吐槽一下烦琐的家务事，让领导知晓下班后我都要做些什么，有时候吐槽自己的另一半也能引发领导的同情，便于缓和自己与领导的关系。最后要强调的一点是，累的时候千万不要自己硬撑，病了就请假休息，只有休息好了才能工作好，所谓"留得青山在，不愁没柴烧"，透支身体健康是最不可取的；只要安排好每天的工作，将工作和生活的时间合理分配，除特殊忙的情况不要经常加班，这样才能保证"可持续发展"。

## 总结评述

对于案例中的小文所面临的困境，不同的观点都给出了自己的分析和建议，但层次和深度显然有所不同。某些观点"就事论事"，在认同小文所述的前提下，对小文报以同情和支持，并给出了一些应对方案，包括更加合理地安排工作以提升效率、与领导坦诚沟通、针对制度建设提出"轮岗"建议等，值得肯定的是没有人劝导小文以"消极怠工"的方式来对抗；另一些观点则站在更高层级的"上帝视角"，没有选定某一个立场，而是全面分析了多种可能性，因此能够把问题分析得更加透彻。

有两点特别值得小文参考。首先，就是重新审视和评估自己当前的处境，尽可能排除"受害者心理"和"自我服务偏见"的影响，即确认自己是不是被领导分配了过多的任务，其他同事的"轻松"究竟源自任务少还是他们的能力更强、效率更高。如果能够更加客观地认识和评估这个问题，那么心态上就会平稳和淡定很多。其次，以更加积极的态度和方式来面对当前的处境。退一步讲，小文如果确实承担了过多的工作任务，那么可能科室领导在管理中确实存在"鞭打快牛"的激励失当问题，此时不妨将其视为领导对自己的重视和考验，一方面避免抱怨情绪，以积极的心态去应对领导的批评和不满；另一方面努力从分析任务特点、改进工作方法、合理安排时间等角度做出改进，在力争完成工作任务的同时也逐步提升个人的能力。最忌讳的就是延续一直以来的工作状态，每天疲于奔命，进而形成"身心疲惫——心态失衡——身心更加疲惫"的恶性循环。

# 案例 1-2　如何才能找回自我

曹先生新近转到某国有企业的办公室工作，能力强又上进，很快成为办公室主任的得力助手。无奈办公室主任是个"工作狂"，一天到晚总有做不完的事务；从日常作息来看，曹先生几乎到了吃住在单位的地步。尽管曹先生也曾踌躇满志，希望在工作中大显身手有所作为，但目前疲于奔命的状态以及付出与回报之间的严重失衡让曹先生深感困惑，如何才能改善当前的状况呢？

## 故事

王主任是某国企单位的领导，同时还兼任该单位的办公室主任；办公室共 9 名员工，其中男性 2 名，分别为李先生和曹先生。办公室的主要职责包括党务纪检、工会活动、行政接待、文秘写作、车辆后勤、外事服务、人力资源以及宣传等工作，工作任务重，人员短缺。

王主任一心扑在工作上，每天工作时长可以达到 16 个小时，晚上基本睡在办公室。曹先生是新调入该部门的员工，单身，适应能力和工作能力都很强，有上进心，很快得到领导的认可。不过这种认可是有代价的，曹先生的典型日常作息（某个周四）如下：

05：00 王主任起床，在办公室 A。

06：00 曹先生起床，在办公室 B。（说明：昨晚两人一起加班到 23：50 左右才分开。）

06：30 王主任叫曹先生一起吃早饭。

06：40 - 07：45 两人在餐厅边吃饭边谈工作。一方面，上午开会的汇报内容要再进行修改；另一方面，王主任觉得部门人员少，任务多，就如何充分调动大家的积极性，希望曹先生作为年轻员工能够发挥才智，为部门的发展出谋划策。

07：50 两人向公司主要领导汇报刚刚收集和总结的一些工作信息和工作情况。

08：20 曹先生修改会议汇报用的 ppt，然后布置上午的会议室，发现电脑和投影仪的连接有问题，于是寻求技术部门帮助。

09：00 会议开始。王主任汇报工作，曹先生负责播放 ppt，做会议记录；曹先生很有心，为节省记录时间，提前在记录本上将收集的各部门工作情况填写了一部分。王主任汇报完，由其他部门汇报，曹先生奋笔疾书做好记录。

10：30 会议开完，主要领导召集部分人员组织了一个讨论会。王主任让曹先生做好记录。

11：15 讨论会结束，曹先生收拾会场。

11：20 另一个单位的领导李副总通知曹先生下午 1：30 召开一个临时的紧急讨论会，让曹先生通知参会人员并做好会议准备。

11：40 - 11：55 曹先生去食堂吃饭。

12：20 曹先生刚想休息一下，王主任连续三个电话打来给曹先生布置任务，其中一项就是现在去布置好下午 2：30 与外单位的座谈交流会的会场。

13：30 - 14：20 李副总开始主持召开临时紧急会议。

14：30 - 15：40 与外单位的座谈交流会议。

16：55 - 18：20 王主任通知曹先生参加临时会议，并将有关工作在会上进行汇报。

18：30 已经错过了食堂的用餐时间，王主任有公务活动离开单位，曹先生只好吃了两碗泡面作为晚饭。

18：40 曹先生准备撰写今天的会议纪要。

19：20 纪要还未写完，曹先生便接到王主任的电话通知，明天公司主要领导要去总部汇报工作，曹先生需要立刻联系其他六个部门汇总材料。

21：30 曹先生汇总完各部门的材料，发领导审阅。

21：40 王主任认可材料写得不错，但是还要做一个 ppt 供展示时使用。

22：35 王主任回到办公室，曹先生提交 ppt 文件。王主任觉得 ppt 中缺少图片，文字太多，展示不够丰富，需要联系其他员工获取图片资料，并重新制作 ppt。

22：40 – 01：20 曹先生收集相关素材，制作完 ppt 的初稿。

05：45（已经周五了）王主任向曹先生询问 ppt 的制作情况。

07：45 曹先生又从其他同事处收到了一些相关图片资料，完善 ppt 文档。

09：00 王主任、曹先生跟领导一起赴总部汇报工作。

……（在总部汇报和听取汇报的一天）

18：00 – 23：00 王主任、曹先生一起参加公务活动。

01：00（已经周六了）曹先生到家。王主任乘机回家，曹先生 08：00 到学校上课（曹先生在职攻读 MPA 学位中）。

……

王主任曾经是另外一家兄弟单位的部门领导，因为受到排挤而不得志，后来转到新部门，奋发有为。曹先生年轻一些，原部门的领导和同事在年终考评时给他打分的结果是部门最低分；由于年终考评成绩直接关系到一个部门员工的晋升问题，所以曹先生也选择了更换部门，并希望在新部门中有所作为。

王主任时常感到困惑，一方面认为自己分管的工作事情很多、干的活也很多，但是总有其他部门反映自己部门工作少，比较清闲；另一方面，部门员工都比较辛苦，时常会出现工作疲软、劲头不足的情况，这一点倒是可以理解，因为相比员工们的付出，工资明显偏低，但是自己也无法改变什么。

曹先生也时常感到困惑，一方面，总是有干不完的活，一件接一件，曹先生虽然认为工作上领导能够在第一时间想到自己算是一种认可，但有时候是很想拒绝的，因为太累了，然而却不知道怎么拒绝；另一方面，自己和其他员工拿到的工资差不多，自己的额外付出在短时间内无法获得回报，经常会产生一种矛盾心理。

## 问题

如果你是王主任，你会采取是怎样的措施去激励员工，如何让自己做的工作体现出来？如果你是曹先生，你又将如何去做，如何在令领导满意的前提下去合理安排自己的工作？如何解决付出和回报不对等的矛盾？

## 见解

### 观点一

最想对王主任和曹先生说的一句话就是：干得多≠效率高，干得多≠干得好；有时候看着忙并不一定是真的忙，有的时候表现出来的忙只是希望别人觉得自己很忙而已。王主任和曹先生同病相怜，都处于背水一战的阶段；除了工作任务重，还都承受着做出成绩以证明自己的心理压力，也就是憋着一口气在工作，肯定会更累。

对此我有以下几点想法：

首先，王主任以身作则带领曹先生并肩作战，这本身已经是最好的激励了。

其次，办公室工作琐碎，但属于都不能出差错的那种，为了体现出所做工作的"业绩"，可以将工作内容分类，然后整理成任务表，将常规性工作和流程性工作展示在固定位置，会议和突发性工作以周或月为周期进行总结和通报；对外可以通过工作简报的形式来展示重点工作及其成效。

最后，曹先生需要先厘清现阶段自己的主要目标，是学本领还是求多金。职业成长很大程度上是需要稳步积累的，从文中列举的工作内容来看，曹先生现在所接触的工作内容多元且机会难得，而且王主任也能亲力亲为、亲自带领曹先生工作，曹先生应该抓住机遇多磨炼自己，相信不久以后就会得到回报的。

**观点二**

我对这个故事印象非常深刻，因为它是所有故事中唯一把日常工作记录得如此详细的一个，主人公曹先生应该是班上的某位同学，因为文中提到"周六早上八点到学校上课"。可以看到曹先生的工作多么繁忙，而他的内心也是充满无奈与矛盾的。

从故事中可以了解到，王主任和曹先生都是在以前的单位不得志或不被认可才转到办公室工作的，两个人都期待着在新部门一鸣惊人。相同的命运和背景使两个人很容易走到一起、并肩作战，从故事中能够感觉到这两位承担了部门的绝大部分工作，但不知其他几位同事在做些什么。

以下是我给出的几点建议：

第一，日常工作中，曹先生有很多机会和王主任单独在一起，那么不妨在不经意的聊天中提及自己的难处，即除了工作还有很多事情需要关注，比如父母日益年迈、自己目前还是单身该考虑终身大事了，等等；如果王主任偶尔也会为工作多而抱怨，那就适时关心一下领导，让王主任以健康为重，不要过于拼命，进而也为自己争取到一些喘息的机会；在和领导讨论部门工作的时候，不直接推卸任务或提出任务安排的建议，但是可以多说说其他同事的特长、优势和能胜任的工作。

第二，在理由充分的前提下，有选择地推脱几次工作，但是对于确实重要的工作还是要很好地完成。这样王主任会觉得，曹先生应该确实是分身无术了，但是对于关键事务，仍然是可以委以重任的。

第三，对于王主任，可以考虑适当放权，不要使自己和下属每天都处于忙碌和焦虑的状态。虽然自己没办法给员工加工资，但平时掏钱请下属吃个饭、把自己的某些特别福利（如外出开会的纪念品等）

— 19 —

转送给下属还是不难的吧，这样也能利用个人魅力调动员工的积极性，其他部门看到的将是一个积极向上的团队。此外，要对自己和部门的职责有清楚的认识，明确哪些工作是可以给部门带来高附加值的、而哪些工作是纯属"打杂"性质的。部门整体进步了，领导的能力才更容易被认可。

当然，最重要的是，曹先生要对在单位的发展前景有一定的认识。毕竟在国企，发展限制还是非常多的。如果觉得在工作中确实能学到很多东西、能够提升个人的核心业务能力，那么年轻的时候辛苦一些也无妨；但是如果再辛苦也前途渺茫，那就不妨考虑在保证必要工作完成的同时多领域发展自己，做个斜杠青年也不错。

**观点三**

办公室工作的特点非常鲜明，繁杂而累心，可谓"准备不完的材料，接待不尽的客人"，但是好处也很多，比如能够接触到不同部门的人、有利于积累人脉；有机会与上级领导搞好关系，能够为转换到其他职位提供不错的跳板等。因此，王主任和曹先生在疲惫的同时，多注意办公室工作的优点，心态上或许能平衡一些。

案例中的王主任是勤勤恳恳的实干型领导，自己拼命干也要拉着下属拼命。但他却不是一个聪明的领导，主要表现在他只注重做好事情但是并未处理好关系。对上，没有向上级领导充分地展示出本部门的业绩；对外，没有与其他部门进行良好的交流和协作；对下，没有让下属心甘情愿地投入到工作中，因此也不可能给下属带来成就感或者一些现实的好处。所以我认为，王主任应该尽快停止没日没夜的工作，好好处理一下各方面的关系。一是加强同上级领导之间的沟通，让领导了解到部门巨大的工作量和人手上的不足；二是创造与其他部门在工作层面的合作及互助，加深其他部门对自己部门的了解；三是重视对下属的激励，让他们看到除了工资福利以外，这份工作还能提供能力上、人脉上、晋升机会上的更多机遇。当然，王主任作为部门领导还是应该尽可能地给下属争取到更好的薪资福利。

至于曹先生，我觉得他很优秀，现实工作中也得到了王主任的信任和认可，但是显然目前这种工作强度太大，不是长久之计。首先，曹先生应该分析一下，目前这份工作是否符合自己长远的职业规划、是否有晋升空间、是否值得自己不辞劳苦地埋头苦干，如果是，那么可以暂时不考虑得失之间的不平衡问题，而把它当成是一个锻炼处事能力和磨炼自身本领的"跳板"。其次，曹先生要学会与王主任多沟通，让王主任意识到自己已经竭尽全力甚至体力透支了，以曹先生和王主任的相处方式和共处时间来看，曹先生有太多的机会可以表达想法了。最后，建议曹先生在把自己本职工作做得非常漂亮的基础上学会巧妙地拒绝一些额外的或者琐细的工作，尝试放慢工作节奏，以减轻内心的压力。

**观点四**

从案例的描述可以看到，王主任和曹先生二人具有重要的共同点——在上一家单位壮志难酬，到现单位后都想"洗心革面""施展拳脚""大展宏图"，可以说二人"志同道合"，才会达到如此高度的"默契配合"。然而，会休息的人才会工作，长期缺觉困得慌，做事效率必然会下降；从曹先生的日常作息来看，似乎已经到了崩溃临界点了，除非精力极其充沛的人，一般人大抵是受不了的，所以两个人都需要做出一些改变。

对于王主任，建议从以下两个方面入手：

第一，在激励员工方面，实施 KPI 绩效考核，在平日绩效和年度考核中，将日常工作加以量化考核，对优秀员工给予奖励，对拖后腿的员工加以惩罚；不要只关心工作，要多与员工沟通，及时表扬员工，不定期开展部门活动，在吃吃喝喝中增加团队凝聚力；合理安排和分配下属的工作，明确各自职责，发挥各自长处，限定任务完成的期限，避免有人累死有人闲死；布置一个舒适的工作环境，开辟茶水角，放一些茶和咖啡，再划出个公告栏，展示一些员工的优异表现，鼓励大家向优秀人员学习；定期召开工作讨论会，让每个员工都参与进来，了解自己工作的价值以及帮公司实现目标的途径；每完成一个项目，就带团队出去庆祝一下，在潜移默化中鼓励大家，慢慢地从"要我做"变成"我要做"。

第二，在自己工作方面，可以每周向公司的全体部门发送邮件，发布最新消息或提供内部资讯，让大家知道自己部门的工作及成果；多与其他部门沟通，发起一些部门之间的活动，加深相互之间的了解，也增加自己部门的存在感；盲目单干不可取，要发挥团队的力量，让自己的团队被认可。

对于曹先生，也提出两个方面的建议：

第一，合理安排工作。一是应该跟领导沟通，一方面表示对领导的关心，另一方面也表明自己努力工作的态度；二是将工作内容分出轻重缓急，保质保量完成重点和着急的任务，保持在领导心中的良好形象；三是将自己的工作时间列个清单，向领导说明自己为了提升业务能力还在充电和学习，希望得到领导的支持，如果王主任能够做好团队分工，那么曹先生的工作自然也就少了，也就可以合理安排了。

第二，适当调整心态。在合理安排好工作之后，付出与回报的不对等自然就得到平衡了；工作实在忙不过来的时候，要适当拒绝领导的安排，为自己设定一个"锚"，毕竟是人不是机器，适当降低领导对自己的期望值其实是有好处的。

**观点五**

这个故事让我深有感触的一点就是，很多时候我们都被迫陷入很多事务性的工作当中，而这些工作无法体现我们的工作能力，很多都只是机械性的重复或者领导看不到的小事，也不利于自我提升，对于自身的创造力甚至都是一个耗损。在某些情况下，不妨采用一些合适的小方法，从侧面反映出自己的困境，让领导能够意识到，这些工作不是很轻易就能完成的，也是花费了很多时间和精力才能达到理想效果的。这样也算是对事务性工作的一个平衡吧，即使没有功劳也算能有一些苦劳，不至于让领导觉得你整天什么都没做似的。

在具体操作层面，对曹先生提以下几点建议：

第一，辞职并不是最好的办法。如果不能找到问题所在、不能理清思路，到哪个单位都会一样。

第二，可以考虑先解决单身问题。虽然年轻需要奋斗，但人生不是只有工作，恋爱可以让你感受生活的多姿多彩，一味地扑在工作上并不见得会是最好的选择，可以适当地给自己松松紧绷的弦，效果会事半功倍。

第三，中国与国外的区别在于（尤其是在国有企业），你在工作中先履行多大的责任、干了多大的事情，领导才会考虑给你多大的权力，所以总会出现一定时间内收入待遇和付出不匹配的情况，这就需要调整心态。但是也要给自己设定一定期限，如果超出了自己可以忍受的期限，那就换个工作。

第四，案例中没有提及部门其他同事的工作量，也不见得别人的工作就有多么清闲，和别人比工作多少是愚蠢的、纯属浪费时间，不如把精力更多地放在自己的工作上，每个部门干多干少，其实上级领导心里比谁都清楚。

第五，工作若干年之后，往往要靠信仰活着。待遇几乎固定了，晋升之路也基本封死了，很多事情根本不可能靠一人之力去改变；为了保持身心健康愉快，不妨多和同事、领导交交心，多交朋友，增加感情维系的力度，往往更能增加幸福感。

**观点六**

从两个不同的视角来给出建议。

如果我是王主任，首先，要提升自己作为管理者的能力和水平。领导一个部门、带领一个队伍，一定要学会合理用人，发挥不同员工的长处，才能使团队整体具有凝聚力、提升工作效率。如果一味地靠个人"身先士卒"、一味投入打持久战，而不注重人员和工作的配置，只会事倍功半，效率低下。其次，在激励员工方面，一定要设置合理有效的绩效考核机制，鼓励大家发挥各自的才能，而绩效得分应与工资挂钩，保证多劳多得、少劳少得，并根据日常表现来进行一些评比和荣誉的授予；对能力强、肯付出的好员工多多奖励。

如果我是曹先生，首先我会矫正自己的心态与期望值，对工作认真负责当然没问题，但过度的透支自己的身体来工作，并不是长久之计；其次再考虑工作投入与薪金回报不成比例，这应该与目前所处的职位有关，在晋升之前的相当长一段时间内恐怕都不能匹配。我觉得曹先生对于工作有点过分积极、甚至大包大揽，这并不可取；搭配上"工作狂"上司王主任，这么下去简直是死路一条。我要是曹先生，一方面会找机会向王主任沟通，建议建立合理的奖惩绩效，激发部门的工作活力；另一方面也多与同事沟通，将自身的工作强度和实际问题向他们适当说明，努力寻求帮助。

## 总结评述

这个案例的情境与上一个案例中小文的遭遇颇为相似，不过这个故事中，是领导（王主任）和员工（曹先生）都需要做出一些改变，都有改善当前状态的诉求。很多同学都对这个案例印象深刻，特别是那张几乎分不出日期界限的"工作日志"，单是看一看都让人有些喘不过气来。可以想见，几乎被"绑定"在一起的部门领导和员工两个人，完全没有自己的生活，长期按照这种节奏来工作迟早会崩溃的。

正如大家的观点中所评论的，王主任和曹先生同病相怜，在上一个工作部门中有着非常相似的遭遇，都指望在新部门中能够做出业绩打个"翻身仗"，于是并肩作战、全力投入。案例最后提供的这个信息其实是解决问题的一个非常重要的背景因素，各个观点中都没有论及，案例描述中也缺乏详情。那就是王主任和曹先生在原单位遭遇"不公"的深层次原因是什么——王主任为何"受到排挤"？曹先生为何"被打最低分"？是因为工作表现不够努力还是工作业绩不够突出？

抑或单纯是因为人际关系处理不当？解决问题需要"对症下药"，而王主任和曹先生目前是连问题的症结都还没有搞清楚，就盲目选择了"玩命干、拼业绩"的路径，事实上这未必能够解决问题，相反还可能重蹈覆辙，特别是对处在领导位置的王主任而言。

王主任很可能是这样一种领导：本人高风亮节，不在意名利方面的东西，也不去争取什么（从案例中所述王主任认为"相比员工们的付出，工资明显偏低，但是自己也无法改变什么"可以推测出这个可能性）。对于这种品行高尚的领导，我们表示钦佩和敬意，但是如果领导长期要求自己的下属也要跟自己一样的话，那么恐怕不会有很多人能够一直追随了，事实上王主任的部门有不少员工，但目前只有曹先生一人鞍前马后地跑（也快要跑不动了），其他员工时常"工作疲软、劲头不足"，就已经很能说明问题了。作为领导一定要意识到，人不是生活在真空中，而是现实中；对于工作努力、乐于奉献的领导，下属一开始可能会被其人格魅力所打动，也会跟着做，只讲奉献不求索取，但是时间一长，自己的付出迟迟得不到回报，对工作自然会逐渐懈怠，不再追随这样的领导了。因此，成功的领导一定是能够做到让下属"贡献与报酬基本相当"的，领导自己可以放弃一些利益，但是下属应得的一定要去努力争取，只有这样才能赢得人心。在这方面，王主任做得显然远远不够。

至于曹先生，首先，还是要认真分析一下自己在上一个部门被领导和同事评了最低分的原因，同时思考一下，凭自己目前拼命工作的状态是否就能保证提升年底的评分呢？其次，自己转岗到目前的部门，唯一的目标就是提高年终评分吗？还是想进一步提升自己的能力、拓展人脉等。只有确立了明确的目标，才有可能采取合理的行动、做出正确的选择。而就目前来看，曹先生的所有时间似乎都被"工作"填满了，且不论这些工作对于成长的意义和价值。总之，是时候稍微停顿一下做些思考了。

# 案例1-3　如何尽快"各就其位"

　　机关部门对于工作人员有"轮岗"的要求，小李在轮岗前除了本岗工作还兼职负责机关所有科室的设备申报相关的工作。轮岗后，"设备申报"这一兼职业务改由小王负责，但小王却迟迟没有接手，导致大家有了相关业务还是来找小李办理。小李在新岗位上工作繁忙，有些疲于应对。如何在轮岗后尽快"各就其位"呢？

## 故事

　　小李是政府机关的一名普通科员，由于工作分配的关系，在负责本科室工作的同时还兼职负责机关所有科室的设备更新或新增设备的申报。各业务科室需要申请更换或新增设备的话，都要找小李完成上报工作。

　　机关人事规定，在一个科室工作一段时间后需要轮岗，小李就在此次轮岗名单中；小李在原科室及兼职负责的所有工作在轮岗后都由小王负责。轮岗安排完成后，主管处长已经找小王说明了工作交接任务，但是小王总以"业务不熟悉"为由迟迟不接手新工作，这导致其他业务科室的科长想要申请更换或新增设备时，还按照原来的工作分配来找小李。而小李轮岗到新科室之后，工作繁重，业务量大，无暇再顾及该项工作，事实上轮岗之后该项工作也确实不在小李的职责范围内。

　　于是小李就向前来找他的各部门领导解释："这项工作在轮岗后以由小王负责，可以由小王完成上报。"但是领导们的答复却是："是小王让我来找你的"，而且各部门领导反而觉得是小李在推托。顾及领导的面子和人情，小李也不好生硬拒绝，只好硬着头皮接下来，这样就更强化了其他科室领导的意识——这类工作找小李就可以了。

## 问题

对于这样的状况，小李应该如何向各业务部门的领导说清楚呢？同时又该如何敦促小王尽快完成交接，做好自己的本职工作？

## 见解

### 观点一

如果我是小李，遇到某业务部门领导找到我办理申请更换或新增设备的事宜，我会分情况处理。假如当时手头上无紧急需要办理的事务，我就接手过来，尽快帮这个部门办理，但是办理后一定会简要向领导说明情况——因轮岗工作要求，目前这项工作是由小王负责的，这几天还未完成工作交接，我们会尽快完成交接，下次可以找小王办理。假如当时手头上正有紧急需要办理的本职工作，我会告知前来办理的领导，因轮岗工作要求，目前这项工作是由小王负责的，现在我手头上有点紧急任务，办理更换或新增的材料可以先放在我这里，我把手头的事情处理完就尽快办理，或者找小王办理后就把相关材料给领导送回去，之后看这位领导如何回应，同意的话我就尽快办理或者拿给小王办理，并顺便完成工作交接，叮嘱小王办理后给领导回复。

鉴于目前轮岗工作的情况，我会私下里找小王了解情况，并向小王介绍我目前的工作状态。如果小王可以按照工作要求，接手这项工作，我会尽快与小王完成工作交接；如果小王接手这项工作确实存在困难，我会力邀小王一起找到人事部门，把情况说清楚，并建议是否可以找其他人暂时替代小王来接手这项工作。无论最终是否由小王接手这项工作，我都会做好工作交接，尽可能地把自己的工作经验、心得体会、注意事项等以文字材料的形式告知下一位工作人员，并通过单位工作群或者某次单位内部会议的时机，把工作联系人变更的情况向大家说清楚，同时告知大家，如果工作交接期间办理相关业务存在困难或者不明白的地方，在时间允许的情况下，我也会很乐意的和现在负责的同志一起帮大家解答或者办理。

**观点二**

我觉得这个事情小李有些小题大做了，多大的事儿呀！

很简单，如果我是小李，前来上报的事务特别着急的话，我可以考虑先帮助小王完成工作。但是私下我会找合适的机会先跟小王谈，如果效果不好，那么只好私下找小王的领导反映；下次再遇到同样的问题，我就当面把小王喊来，一边办理一边给小王做展示，就当是辅导其完成工作了。如此一来，小王就没啥推脱的借口了——毕竟我都手把手帮助你熟悉业务流程了，还说不会做的话，要么是笨要么是懒，相信没人愿意落下这个名声吧；一次不行就两次、三次，长此以往，但凡要点面子的人都会觉得不好意思了，权衡之后应该还是会自己独立完成工作吧。

**观点三**

小李的故事在职场中还是挺常见的，特别是机关单位。对此我有以下几点看法。

第一，从案例描述中可以看出小李不太会拒绝别人，我猜测小李多少有些"讨好型人格"的倾向，因此会错误地认为，只有在不断满足对方要求的时候，自己才会被周围人所接纳和认可，才能获得被对方肯定的满足感。但是小李恰恰没有认识到，这种"不会拒绝别人"只会带来大量的时间耗费和情感耗费，无助于自己的业绩、能力的提升，也不必然带来大家的认同和赞许。因此，小李一定要学会拒绝别人，弄清楚自己的本职职责所在，不要被"人情"所困扰，更没有必要去"讨好所有人"，真正应该善待（注意不是"讨好"）的是那些尊重和喜爱自己的、明白事理的人，而不是只图自己便利和推脱责任的人。

第二，小李目前这样迁就大家，其实并不会让大家心怀感激，包括小王，只能让大家更加心安理得地"使唤"小李。因此，小李首先要坚定自己的态度，才不会被别人所左右。不要表现得一旦拒绝就好像自己理亏一样，因为这确实不是自己分内的工作，做了是仁义，不做是本分。

第三，建议小李学会"有选择地拒绝"，即帮助那些值得帮助的人；再有就是学习一些人际交往的技巧，这样在拒绝别人时可以更加自然和从容。例如，当其他科室的人前来办理设备方面的业务时，首先判断"他是不是一个值得我帮忙的人（具体的标准可以自己确定，如是否懂得感恩等）"，如果是就帮个忙也无妨；如果不是，就从言语上客气地说"不好意思，我现在手头有点重要的事情要忙"，千万不要从肢体上表现出一副纠结万分的样子，不然对方会以为一旦多说点好话，小李就会被说服，不妨采取一些坚决而强势的肢体语言，这样对所有人都好，最忌讳磨磨叽叽、犹豫不决，不帮心虚、帮了又不甘。最后是自己的事情没有做好，别人的忙也没有帮好。

**观点四**

由于小李按照机关单位轮岗的规定，已经脱离了原有岗位，所以需要从现有工作岗位和处境向各个业务部门进行一定的解释说明，更应该在正式轮岗之前完成和接替者小王的交接，同时和部门领导确认，而不能因为"抹不开面子"就充当老好人，而把所有的事情和责任都揽到自己身上，这样表面看是帮了同事，其实既是对自己和单位不负责，也分散了精力做不好分内的事情。小李也可能是想塑造自己"乐于助人"的形象，但是如果遇到心思不太端正的同事呢？说不定背后还笑你是"傻帽"呢！

此外，还可以从正式程序这方面入手，尽快督促和推动工作的交接。一是借助人事部门的规章制度，进一步明确各部门及个人的职责，请人事部门协助，从单位制度和纪律的角度来约束不符合要求的懒散行为，限期改正或者实施一定的惩罚措施；二是从实际业务的角度出发，建议单位增加培训，提高小王的工作技能和积极性，同时也提醒工作人员都认识到认真工作的严肃性和重要性。

### 总结评述

案例中小李应该是个入职不久的"新人",面对的困难说大不大、说小不小,更多地出现在机关和事业单位中,因为相对于职责分明的企业单位而言,这类单位中往往存在着更多的部门"交界业务"和"平台业务",就像小李一开始负责的设备申报业务,没有专门的部门来负责,于是就作为一项特定的工作内容交给某个部门的工作人员来负责了。

从工作性质来讲,这类业务同特定部门和岗位的工作内容是一样的,不是哪个人正好方便就帮帮忙的"举手之劳",所以小李首先要正视这项工作的特点,在需要拒绝的时候不要有心理负担;相反,作为一个成熟的职场人,应该建立这样的意识——千万不要"好心办坏事",在小李看来,也许继续承接设备申报相关的业务是给小王和其他部门帮忙,但从严格的规则意义的角度来讲其实是"越权"行为,即"侵入"了其他工作人员的职责范围。所以对小李而言,最明智的做法就是"公事公办",在轮岗安排出台之后就尽快进入新的岗位角色,在人事部门的"公证"之下与小王完成工作交接,明确职责界限,并且从规则的角度将自己的行为"合法化"——并非自己不帮忙,而是介入他人的工作不太合适。当然,在机关单位的文化中,对于不同部门和岗位的职责划分或许没有那么清晰,大家彼此帮忙也很正常;只是案例中小李所面临的处境,显然已经没有"搭把手、帮个忙"那么简单了,持续"帮忙"只能让问题固化,所以还是找个"官方"的理由比较稳妥,大家即使心里不爽却也无从反驳。

## 案例1-4　难以捉摸的领导

面对新任主管领导的工作安排,老赵亲力亲为,带领处室人员加班加点地完成,但是却始终得不到领导的认可,经常挨骂;

这还不算，在需要领导签字的这些审批环节，老赵还时不时遭到刁难，左右为难。老赵实在捉摸不透领导的心思，十分憋屈。这样的领导该如何应对呢？

## 故事

老赵是我市某单位处室的一名副主任，工作能力很强。最近，由于单位人员调整，老赵所在的处室换了主管领导，室主任也调去了其他地方，处室的工作暂由老赵主持。新换的主管领导给老赵的处室布置了大量工作，都要求老赵带头亲自去做，时间紧、任务重，为此老赵和同事经常加班到深夜，周末也无法休息。但是活儿干完了，没有表扬不说，还经常挨骂，老赵心里非常憋屈。

前几天，省里要求上报一个老赵沟通了很长时间才被认可的材料，如果逾期不报将对我市进行通报，于是老赵拿着材料去找主管领导签字，结果主管领导居然以不知道此事为由，拒绝签字，而实际上老赵就此事已经给他汇报过多次了。主管领导不签字就无法上报，而如果不按期上报，省里又会对我市进行通报批评，这让老赵很是为难，也让老赵更加心塞，领导不体谅下属也就算了，还给下属增加困难、制造麻烦，实在琢磨不透这位领导是怎么想的！

## 问题

对于这样心思难猜又要求严格的领导，老赵作为下属应该如何在满足领导要求的情况下开展好工作呢？面对领导的刁难应该如何化解？

## 见解

### 观点一

案例对于新任主管领导的背景交代不多，所以只能做一些推测。新主管到来之后，如果要树立威信，通常有两个选择，要么团结老赵及其处室人员，让其为自己工作；要么就挑出老赵工作中的失误和毛病，杀鸡儆猴警示其他处室，从而迅速掌握主管部门的掌控权。

在新主管领导到来之后，老赵似乎并没有跟领导进行有效沟通，直接就认为领导在刁难自己，这个可能有些武断；其实新领导也可能是因为自己刚上任，想把工作做好，展示给自己的上级领导看，所以才让工作能力强的老赵负责每一项工作，力求把工作做到极致。老赵或许没有意识到新领导的意图，双方只是缺乏有效的沟通而已；因此个人认为，没有心思难猜的问题，老赵完全可以直接询问领导，工作的目标是什么？要达到怎样的效果？然后再采取相应的有效行动。

对于材料签字这个事件，我是这样看的：这个棘手的材料老赵沟通了很久，应该是在新领导到来之前沟通的，也就是和"前领导"沟通的，所以这件事新领导不同意、不签字也可以理解；老赵应当把事情从头到尾地详细汇报给领导，包括可能的后果，毕竟做决策的不是自己，一旦被省里通报批评，新领导的面子上也不好看。所以对老赵而言，尽力把自己的事做好就行了，操心太多了，领导难免也有压力。

此外，适当把自己的委屈跟领导倾诉一下，个人感觉领导其实都喜欢下属向自己寻求帮助，多向领导说说诸如"好久没休假了，家庭都有矛盾了，身体也受不了啊，处室的其他人都快扛不住了……"之类的难处，领导或许就没有这么强硬了。当然，如果多种尝试仍然无效的话，就去找老领导了解一下情况、想想办法，大不了调换部门就是了。

**观点二**

首先分析一下问题。

老赵的问题主要体现在以下几个方面：

第一，老赵可能存在工作不到位的情形。深夜加班、周末无休，这种"白＋黑""5＋2"的辛苦工作换来的却是挨骂，说明老赵的工作成果与领导的要求和期望之间存在差距，有可能是工作不到位、效果不理想而导致的。

第二，老赵缺乏与新主管领导之间的有效沟通。工作中因为沟通不及时或不到位，容易导致老赵不能及时获知领导的最新要求，领导则不能全面了解工作的最新进展，最终使工作得不到领导的认可。

第三，老赵可能没有让领导充分知晓逾期不上报材料的严重性。在老赵已经向领导汇报过多次的情况下，主管领导依然拒绝签字，说明老赵的汇报内容不充分、方法不得当，没有引起领导足够的重视。

第四，老赵没有认真揣摩领导的意图和要求，或者说这方面的能力不够。领导的心思不见得一定难猜，反应机敏、经验丰富的人往往能很快领会领导意图和想法，有些人在这方面则确实很迟钝。

领导方面当然也有一定的问题。不过由于案例表述是站在老赵的视角，领导没有机会辩解，所以这里对于领导的问题只能做一些推断性的分析。

首先，作为主管领导不能体恤和尊重下属，安排大量工作，还要责骂下属，这在某种程度上反映出了领导方法存在问题。

其次，作为主管领导，在老赵已经汇报多次的情况下，不应该不知道逾期上报的后果；如果是因为上报材料的质量不过关而拒绝签字，又或是因为其他原因，为何不能直接指出来呢？这种做法确实有"刁难"之嫌。

最后对老赵提出以下几点建议：

第一，用业绩证明自己。如果我是老赵，首先会付出更多的努力，用自身工作业绩的提升来争取领导的认可；而且这份业绩一定要让单位的其他人都有目共睹，这样主管领导再想刁难也会有压力的。

第二，改进工作方法。认真反思自身工作中存在的问题，进一步改进工作方法，加强团队建设，带领同事把每一项工作任务做好、做到位。

第三，多请示、多汇报。在工作过程中及时与领导沟通，汇报工作进展，了解最新要求，从而有效防止因行动出现偏差而挨骂的情况。

第四，建立与领导之间的信任。尊重、虚心接受领导的批评甚至挑刺儿，有则改之，无则加勉。认同领导的工作理念，服从领导的安排，以实际行动赢得领导的信任。如果领导对自己有成见或误会，则要开诚布公的解释和化解。有可能的话，邀请领导参加部门组织的团建等活动，在非正式场合中更容易增进双方的了解，拉近彼此的距离。

**观点三**

我认为案例故事中的矛盾冲突主要有两个，一是长期的潜在冲突，即主管领导总是给老赵布置大量工作，且要求严苛，让老赵疲于招架；二是短期的棘手问题，即主管领导拒绝给上报的材料签字，在老赵看来是"故意刁难"；这个问题迫在眉睫，处理不好可能导致糟糕的后果。造成这种局面的原因可能有二，一种可能是老赵无意中得罪了新主管领导还不自知，招致故意为难；另一种可能是老赵虽然工作态度值得肯定，但是工作能力有待提高，沟通方式也存在一定问题。

要解决问题，必须通盘考虑各种因素且区分轻重缓急。我的建议和解决方案如下：

第一，上报材料的问题必须立即解决，刻不容缓。因为材料十分重要，主管领导不签字的情况下可"曲线绕过"，提交到主任办公会议由领导班子集体审议通过。这样做不仅可以避免与主管领导的直接冲突，还能避免万一材料未能及时上报所造成的指责和批评。

第二，对于和新主管领导之间长期的冲突不睦，老赵应认真分析原因、分别解决。如果是自身能力不足的原因，沟通方式方法欠佳的原因，应正确对待，主动找主管领导沟通交流，诚恳进行自我批评，然后寻求理解和帮助；若是主管领导有意刁难，老赵要么找办法调离本部门，要么保持忍耐，但是也不能一味地委曲求全，要把握分寸地适当予以提醒。

## 总结评述

读过这个案例之后，我们确实挺为老赵感到憋屈的。从案例描述中不难推断，老赵在新主管领导到来之前，工作应该还是比较顺心的，老领导对于老赵的能力和业绩应该也是认可的。然而在新主管领导到来之后，老赵却各种"吃力不讨好"，加班加点完成工作还要挨骂，甚至对重要材料的上报签字都置之不理。站在老赵的立场上，这确实很容易被定性为"领导的刁难"，而大家在讨论中也都无意中默认了这一点。

事实上，我们可能忽略了这样一个事情——老赵的前后两位主管领导可能是个性、风格截然不同的两个人，能够被前任领导认可，未必就能让新任领导也满意。在管理学理论层面，"权变的领导理论"就解释了这类现象和问题，即只有当领导风格、下属特征和情境因素（包括领导—下属关系、任务结构、职位权力等）相匹配时，才能达到最佳的绩效水平，同时使下属感受到最大程度的激励。在实践层面，通俗一点讲，领导与下属之间是需要相互适应和"配合"的，当然更多时候是下属去适应领导的风格和要求而做出改变。因此，案例中的老赵很可能是延续着一贯的做事方法和风格，但又希望得到新领导的认可，其实是犯了"刻舟求剑"的错误。如果老赵能够意识到这一点，相信心情能平复和淡定不少，至少不至于将当前的困境归因于领导的"刁难"，这对于解决问题是非常必要的。

那么如何得到新主管领导的认可呢？首先，去了解新领导的偏好和期望，正式谈话也好，非正式场合的聊天也好，总之老赵需要主动去行动，然后做出相应的调整和改变；不能指望领导主动明示，更不能让领导来适应自己。其次，在做好本职工作的基础上，要努力获得领导的"情感认同"，即上级对自己的整体上的信任和欣赏；换句话说，至少做个让领导"不讨厌"的人，接下来的工作就容易开展了。

至于案例中提到的上报材料签字的事情，老赵颇有些"皇帝不急太监急"的意味，"观点一"中有一点看法很不错，即这一事件最终的决策者和负责人都是主管领导，届时出了问题担责任、丢面子的也都是领导，老赵只要在职权范围之内把自己该做的尽力做好就足够了。事实上，这不仅仅是一个建议，而是一个职场的基本规则；如果按照

"观点三"的建议，绕过主管领导"提交到主任办公会议由领导班子集体审议通过"，那么老赵就犯了颇为严重的"越权"的错误（尽管老赵是出于公心、为大局着想）。

综合来看，造成老赵目前困境的原因主要还是老赵自己，"解铃还须系铃人"，建议老赵调整自己的心态，以客观、积极的视角来看待领导的更换以及相应的变化，认真分析时势并做出合理的改变。

# 2. 规则制度的设计与执行

　　本单元的几个案例或多或少都与规则制度相关，要么是对某个特定制度的评价，要么是针对某一事件做出合理的制度安排，当然也涉及制度与人的关系的探讨。

　　规则制度的重要性已毋庸赘述，制度的存在极大地解放了领导者和管理者，将"一事一议"转化为"相似事件的批量处理"，从而大大提高了工作和管理的效率，这也是规则制度的最基本的功能；更高一个层次，制度与"人治"相辅相成，二者缺一不可，制度的存在既约束了强势的握有权力的人，也给相对弱势的领导者以支撑和力量；最高的境界，制度能塑造人——好的制度能让坏人做好事，坏的制度能让好人做坏事。

　　制度的力量能有多强大？先来讲两个小故事吧。

　　第一个故事发生在第二次世界大战期间，美国空军降落伞的合格率为99.9%，这意味着每一千个跳伞的士兵中，平均会有一个因为降落伞的质量不合格而丧命。人命关天，军方要求厂家必须让合格率达到100%。厂家负责人很为难，说99.9%已是极限了，除非出现奇迹。于是军方（也有一说是巴顿将军）就改变了检查制度，每次交货前由军方代表从降落伞中随机挑出几个，让厂家负责人亲自跳伞检测。最后，"奇迹"真的出现了，降落伞的合格率达到了100%！

　　第二个是关于和尚分粥的虚构故事。7个和尚住在一起，每天分一桶粥；然而，粥总是不够分。一开始，他们通过抓阄决定谁来分粥，每天抓一次，结果每个和尚只有在自己分粥的那一天是饱的。后来，和尚们推选出一个"道德高尚、公平持证"的人来分粥，结果大家挖空心思地讨好这个分粥人，拉帮结派，搞得这个小团体乌烟瘴气。再后来，大家商量成立了三人的"分粥委员会"和四人的"评选委员会"，分别对分粥制度进行设计和评价，结果两方互相攻击扯皮，粥吃到嘴里全是凉的了。最后，他们终于想出来一个好方法——7个人轮流分粥，但分粥的人要等其他人都挑完后，拿最后一碗。改变发生了！分粥的人为了不让自己吃到最少的，每次都尽量分得非常平均。7个和尚从此不再抱怨，也不再勾心斗角了，大家和和气气的，日子越过越好。

故事虽小，启示颇深。同样的人，不同的制度，却可以产生不同的、甚至截然相反的结果。这就是制度的力量。人性是复杂的，善恶并存，一个好的制度设计的成功之处就在于，它可以抑制人性中的懒惰、贪婪等恶的一面，把人的利己之心转化为利他的行动。

那么，如何看待一项特定的制度呢？领导与员工的视角通常是不同的，领导层更多的是去设计制度，而基层更多的是去理解和适应制度的要求。

处于领导位置的人经常会经历这样的烦恼——大多数人都是普通人，能够承担一定的工作，但通常都会有各自的局限和不足，而且绝大多数员工首先关注的一定是自己的利益，而不是去体谅领导的难处，这也是人之常情。因此，作为领导，设计规则制度也好，安排工作内容也罢，一定要有个基本的标准和尺度，即让工作要求和强度符合一般人通过培训便可达到的水平，而奖励机制则要充分发挥员工特长并且能够激发员工自我完善的意愿。当然，运用得当的话，怒斥与惩罚往往也能出奇制胜。现实中还有一种很常见的情况，某个岗位怎么都招不到合适的人，或者无论谁来都干不长，于是领导就不免心生感慨："现在的年轻人哪……"事实上很可能是岗位设计和工作要求不够合理。

一方面，处于基层位置的人也时常抱有这样的期待——制度应当

"以人为本"，这是一个非常"政治正确"的想法；另一方面，有人的地方就有江湖，需要立场的场合就会分"左中右"，那么谁来代表这个抽象的"人"呢？就以最普遍的奖金分配这个事情来讲，怎样的差距是合理的呢？差距小了，领导层的、业绩好的会不爽，领导层会认为自己操心担责，结果却和普通员工没啥差别，业绩好的则会认为这是"大锅饭""奖懒罚勤"；差距大了，普遍员工、业绩一般的会不爽，基层员工会认为没有自己兢兢业业地勤恳苦干就没有这么多奖金可分，业绩一般的则会强调自己始终在努力，没有功劳、苦劳总是有的……总之，不管怎样安排，都会有人感到不公平和不满意，都无法全面照顾到各类人群，因此"以人为本"也就无从谈起。与其抱有不切实际的期望，不如正视现实——企业也好、政府部门或体制内的事业单位也罢，制度的安排其实都是以"降低风险"为本的。常见的情况就是，一旦出现问题，肯定会有一系列制度规则的出台，加入更多的检查和审批环节；很多时候这其实是降低了方便程度和效率，并没有发挥多大的作用，但制度的效力确实不是立竿见影的，就拿最简单的考勤制度来说，也是通过不断的"检查—处置"机制来强化效果的，因为绝大多数人真的没有自己想象和宣称的那么自觉，而制度正是为了克服人性中的不足而存在的。

既然如此，在机构中如何面对各种各样的规则和制度呢？尤其当有些制度看上去不那么美好、合理和"有用"的时候。很简单，就是两个字——"执行"。不论是完成岗位职责，还是应对上级安排的任务，凡是有很强执行力的员工，发展前景一定不会差。具体的，强有力的执行力主要体现在以下三个方面。

第一，完成岗位职责和任务，并且努力比要求的做得更好。正如美国钢铁大王安德鲁·卡耐基所说："那些不需要别人催促就会主动去做应该做的事，而且不会半途而废的人必定成功，这种人懂得要求自己多努力一点、多付出一点，而且比别人预期的还要多。"对于特定的制度和要求，与其先否定和质疑，不如先去执行；如果不只是简单地把任务完成，还能站在全局的高度去认识，并且超出上级的期望，那就离脱颖而出不远了。

第二，不仅完成任务，还要争取弥补上级的不足。有种说法是"一流的下属总能提醒上级，末流的下属总要上级提醒"。很多人会想当然地认为，领导的决定肯定是正确的，我只要照做就行了；或者即使觉得有什么不妥当，但是考虑到自己没有责任，所以也就不去"多事"，并且自我说服"领导都没有想到，我怎么可能替他想到"。事实上，没有制度是完美无缺的，很多问题都是在实施的过程中出现的；一个好的执行者总会想到领导前面，也就是帮助上级把关，弥补不足。

第三，常把"分外事"做成"分内事"。有些人比较"心细"，对任务说明、制度细则抠得相当细致，任何事情都要分"分内、分外"，都要计较一番得失，生怕多费一点时间和心力。其实好多职责和任务的边界是没有那么清晰的，只要不涉及"越权"，在自己职责范围内把事情做得深一些、细一些是没有坏处的；不计得失的付出往往能获得更多认可、进而得到更多的回报与机会。不同的心态，就会导致不一样的结果。

现实中很难有尽善尽美的制度设计，但作为成熟的职场中人，正确的态度一定是首先接受并执行，然后在执行的过程中以积极诚恳的态度去弥补和完善制度中的不足。

# 案例 2 - 1　　怎样排班两全其美

某交通企业的运营部门是 24 小时排班制，班组的富余人员不多，能使人员安排满足岗位要求并不容易。然而，请假现象仍时有发生，导致班次安排格外紧张。作为运营班组的负责人，如何排班和对待请假问题才能既保证岗位要求、又不打击员工们的积极性呢？

## 故事

小徐在交通企业的运营生产部门工作，是一线运营班组的负责人。部门工作的班次安排是 24 小时排班制，人员安排必须满足岗位要求；但是由于公司人员定额的限制，班组富余的人员不多，特别是在繁忙时期。然而，在这样的情况下请假现象时常发生，导致班次安排紧张。小徐对此很苦恼，希望大家尽量不要请假。但员工在提出休假要求时大多理直气壮："别人能休假，我为什么不能休假？" 现在的问题是，直接都不让休假必然会挫伤员工的工作积极性，都准许休假的话又必然面临排班困难的问题。

## 问题

作为班组负责人，小徐对于属下员工提出的休假问题应如何处理比较好？有什么方法既不挫伤员工积极性又能满足排班上岗的人员需要？

## 见解

### 观点一

小徐作为运营班组的负责人，对上要满足人员安排的岗位要求，对下还要保证大家的基本福利和工作积极性。

我觉得以下几种做法可以考虑：首先，找上级部门为员工申请全勤奖，如果每个月不额外休假，再另发一定比例的全勤奖，鼓励员工不休假。其次，每个月给员工几天假期，至于休假时间让员工之间内部协调，这样既能保证正常的工作秩序，也不至于让小徐为难。最后，如果员工再额外休假，即按病假或事假处理，按天数扣罚工资。总的原则是：奖大于惩，员工间能自行协调的话，小徐就不要插手，保证不挫伤员工积极性又不至于自己太为难进而耽误工作开展。

### 观点二

小徐作为运营班组负责人，应该体恤下属，但是为了保证工作能够正常开展，我认为小徐可以这样做：首先，在每个月月初，将制定好的排班表分发给大家，每位员工可以根据自己的排班情况规划各自的时间，有些不太着急的事情可以等到轮休的时候去做。其次，如果员工遇到的是突发状况，比较着急，不得不马上去做的话，可以申请跟同事换班，以此获得休息时间。再次，如果其他同事不愿意换班，而事情确实又比较着急，那就允许每位员工每两个月或三个月有一次请事假的机会，请各位员工根据自身情况综合考虑何时用这次机会。最后，将自己分管的人员分成几组，在组内制定一名小组长，小组内部实行 AB 角制度。明确在日常工作期间，如果小组内有人请假，A 角先和 B 角做好沟通，再报小组长和小徐批准，不可以全员都请假，请假时 A 角必须和 B 角做好交接，以不耽误工作为前提安排休假。在特殊时期，全员停休，大家共同克服困难，如果实在有极特殊情况需要请假（如家里有人生老病死等情况）给予休假，相信大家也都能理解。概括来讲就是在日常工作中，合理安排大家休假，特殊时期大家全员在岗，一视同仁，无差别对待。

### 观点三

小徐是交通企业班组负责人，因班组人员有限，任务繁忙，导致难以满足员工请假需求。对于员工请假问题的处理比较重要，因为这关涉团队团结稳定和情绪蔓延，所以我认为应从以下四个方面处理。

第一，明确态度。因为工作任务紧，人员少，所以组长在日常工作中要多强调工作的重要性，肯定员工的工作对团队和企业整体的价值，提升员工的责任感，让大家感觉到自己担负的任务对于团队来说必不可少，难以替代。另外，每次请假前需要自己找到顶替人，在不耽误工作的前提下才能请假，保证工作的延续性和稳定性。

第二，明确制度。提前制定好权责分明的清晰规则有利于避免矛盾产生，包括请假流程、请假条递交、请假扣工资额度、每人请假天数和周期等，都在事先规定清楚。

第三，采用"分级"制度。如果发生多人同时请假，就需要有不同事由的轻重层级。如红白事属于一级事由，病假属于二级事由，探亲陪孩子属于三级事由，以此类推。不同层级的事由有不同处理方式，遇到工作繁忙期，二级事由不得请假；平时不忙时三级事由可以请假，等等。

第四，人性化管理。管理归根到底是做人的工作，制度过于严格肯定会挫伤员工的积极性，也不利于团队的团结。因此，对一二级的请假事由，组长要主动探望或询问，表达团队的关心，这其实也相当于向其他人说明，部门并非不让请假，而是视情况而定。如果大家能够理解，那么员工归属感也会有所提升。

**观点四**

我觉得小徐目前的困境源于制度的缺乏，很多事情靠小徐的个人裁夺，难免出现矛盾，还要小徐来担责，我觉得可以对部门的请假问题做出详细规定，比如，员工请休年假需要至少提前两周申请、请几天事假要提前几天申请、员工请事假公司有权不批、员工请休假不能影响部门正常运作且原则上运营旺季（部门工作繁忙的阶段）不得休假等，制定出相应的规则之后和部门人员公示说明，这样运行起来员工更容易接受。

在缺乏制度细则的情况下，小徐作为班组负责人，面对员工经常请假耽误工作的情况，我认为，一方面要秉持以工作为重的原则，任何请假不能耽误集体工作和单位效益，所以要求任何人请假都要提前找到顶岗的同事，保证工作有序开展；另一方面要保证团队的团结和工作积极性，所以面对员工的请假，小徐要尽力为下属承担责任，只有能担起责任的领导，下属才会为他出力，才能保证工作积极性。正如有人说，做人要像一把伞，只有能为他人遮风挡雨，能承担责任，别人才会把你高高举起。

**观点五**

案例的背景描述中，有一点不太明确，即"休假"是指法定假日申请休假，还是在正常的工作日，职工就是要请假（事假或病假）。

对于小徐我有以下四点建议：

第一，制度建设要走在前面，即在工作制度中应该明确该工作的上岗人员应能够适应倒班工作，在保证工作前提下可适当安排岗位人员在国家法定假日时进行休假。

第二，建立全勤奖励制度，以鼓励大家尽可能在岗。对于每月未请假、全勤的员工给予奖励，有直接的现金补助刺激，这会增加员工们的工作积极性，增加全勤员工的数量。

第三，建立年终奖分级制度，将日常考勤纳入分级条件中。

第四，注意日常熏陶，培养团队凝聚力。可以向职工说明，一人休假导致他人承担工作量增多的现实问题，鼓励大家同甘苦、共患难。

第五，作为部门领导应注意和下属同事搞好关系，关系搞好了，下属才不会故意为难领导。在同事需要帮助时及时给予帮助，雪中送炭才能让员工铭记于心。

第六，营造和谐的工作氛围，培养职工间的友好关系。关系良好了，谁想休假也会考虑到同组上班人员的工作量的，也就不好意思在业务繁忙时非要休假了。

**观点六**

我认为可以通过完善请假制度来引导员工合理安排休假。

交通企业的工作具有周期性，因此繁忙时间段和非繁忙时间段是相对固定的，可以提前做好工作安排，同时设定一些奖励政策来引导员工的行为。

第一，让员工先做好请假计划，即每个人提前报备下自己计划请假的时间，小徐做个统筹安排，可以让大家错开请假时间。

第二，除紧急情况外，要求大家请假提前 3～7 天，以便安排好排班。

第三，如有紧急情况，除小徐按休假计划依次排班外，员工也可自己协商，和别人互换休假时间。

第四，在非繁忙时间段，1 天的年假可以实际休息 2 天；在繁忙时间段，需要提前 2 个月提出休年假的申请；对于在繁忙时间段出勤率达到 100% 的员工，给予一定的奖金奖励；对于在繁忙时间段主动顶替带班的员工，同时给予奖金和荣誉奖励。

**观点七**

我理解小徐面对的问题是如何有效配置资源的问题，具体是如何使工作安排与员工请假之间不产生冲突。对于这个问题，我想分享一下本人所在单位部门的人员排班及请假情况，希望对相关同学有所启发。

我所在的部门几乎 7×24 小时无休息的工作状态，需要分白班和夜班进行两班倒，工作内容上，白班工作繁忙，而夜班只是需要值守或者相对轻松的工作。本部门共 9 人，部门主任 1 名，女性 2 名，年轻男性 5 名，55 岁以上的 1 名——老王。其中，部门主任和两名女性均不上夜班（原因一言难尽，但也应该在情理之中）。那么就是年轻男性和老王轮流上夜班。我们的排班机制是老王只上夜班，不上白班，其他人跟他交替着上夜班，例如，老王这周的一、三、五、日晚上排了夜班，那么就需要年轻男 A 这周二、四、六晚上排夜班。除了老王，部门里的 5 个年轻男性按周轮流上夜班，而且上夜班的人不需要上白班了。

人员排班表是按月来排，大家每次都会提前半个月看到下一个月的排班情况。这样每个人都可以提前安排自己的时间，而且如果谁突然有事也可以和其他人商量着换班。关键是上夜班的人的福利很明显，如果这周我二、四、六晚上排夜班，那么我二、四、六白天不用上班，一、三、五、日整天整夜不用上班。其实夜班虽然熬人，但是大家都不会排斥，甚至有时候会期盼。所以，这样的制度就极少会出现案例中所说的请假和排班冲突。而且 4 个人就是 4 周，也就是说一个人几乎 1 个月就上一次夜班。

我认为小徐完全可以参照我们部门的排班制度，提前做好排班计划，每个人也可以提前计划自己的时间。在我们部门，有突然白天请假的，但是没有突然晚上请假的，这背后的逻辑就是晚上一般大家也没别的事，而且夜班福利这么好，忍一晚上就过去了。但是白天请假的人其实也不太影响我们部门整体工作，因为部门主任和两位女性是只上白班。而 5 个年轻小伙 1 个上夜班，剩下 4 个即使两个请假也都可以接受。

再单纯说下请假这事，我们部门领导是工作狂，除了大年初一和晚上的 10 个小时，剩下的时间几乎都在单位度过，哪怕没事也得在单位待着。这样的领导是很不喜欢我们乱请假的。他的以身作则导致我们的人只要请了假都会很内疚，而且在休假结束后上班的时候会更积极做事情。就这样的奇葩氛围反而使得我们部门的那个天平一直保持着很平稳。

其实我觉得很多时候人力资源手段固然很奏效，但是我们还是不能忽略领导的力量。作为领导，严于律己，并且用同样标准约束他们，最终的结果其实不会太坏。

**观点八**

我认为小徐作为班组负责人，对于属下员工提出的休假问题不可置之不理，也不可直接批评否定，最好进行委婉劝说，同时安抚情绪。但长期维持当前状况肯定是不行的，既影响工作质量与工作效率，也会导致员工士气下降，负面情绪增多。

我觉得可以从以下三个方面做出努力：

第一，适当调整员工的工资结构，在现有工资结构的基础上，增加特殊时期的全勤奖金（具体金额可根据部门人工成本与预算进行测算），规定员工若在当月服从部门的排班安排，并且在上班时间内未出现任何迟到、早退、请假、旷工者，公司给予全勤奖励。

第二，认同请假是员工的正常合理需求，但要设置请假上限，即每个人有一定的带薪假期，超过则要扣钱。另外对于放弃假期进行工作的人员则进行较大的奖励（要高出加班的工资，这样才更具吸引力），也可以把班组再分成不同的小队，对完成任务的小队进行奖励。

第三，考虑建立轮休制度，制度的执行过程中要充分显示公平性，有临时休假申请的人员需要找到可以为自己带班的人方可批准休假。这种事情只有在执行严格的管理制度的同时，充分体现公平性，才会达到制约与鼓励自觉的目的。

### 观点九

小徐所在的运营生产部门工作性质是 24 小时排班制，这应该成为每一位员工的共识，同时，企业应该建立针对该排班制的专门的考勤制度。

作为班组负责人，小徐首先应该严格执行考勤制度，并制定部门排班表，按规章制度和排班表安排日常的工作。但休假是每一位员工的正常权利，尤其是在生病、有急事的时候，员工的休假权利应该得到保障。对此小徐可采取以下措施：

第一，要求休假员工提前 × 个工作日提交休假申请（极特殊情况可当日提交）。

第二，在不影响总体工作的基础上，允许对排班表进行临时调整。比如按照排班表应由 A 值班，A 有事休假，则按顺序由 B （或 C、D……） 与 A 对调，可由负责人安排，或两人私下协调后与负责人沟通征得其同意；如有人主动补位，应有一定的奖励措施。

除此之外，小徐平时还应多关注班组成员的工作生活情况，及时注意到班组成员的需求，尽力帮助和协调；多与班组成员沟通，促进形成和谐的工作氛围，这样"有事好商量"，更有利于排班工作的开展。

### 观点十

因为休假导致排班困难，又不好直接不让休息，又要掌握平衡。这个问题我觉得首先要保证公平，让每个员工都能休假；其次要保证足够的人数在单位，特殊繁忙的时候尽量不休假。在这个前提下，解决方案就出来了——在年初说好，有几段忙的时间大家统一停休，其他时间让大家上报休假计划，提前协调好每个月休假的人数，然后遇到特殊情况再通知大家。

对于忽然提出休假要求的员工，可以先了解一下他的工作进展情况和当时部门人员的排班情况，如果确实需要他在岗完成工作，还是以安抚为主，并告知可以等其他员工休假回来以后有替换的人手，再让他休息（当然能否成功取决于小徐的威信和说服能力）。

再有就是，可以将现行排班制之下的人员随机分成 A、B 两组，特定年度内 A 组负责单数月份，B 组负责双数月份，然后在组内通过抽签决定排班的顺序，如果月内有请假者需要代替值班的，则组内按抽签决定的序号顶替，请假者则自动补位替位者的班次。为了做到公正，在下一年度让 A、B 组进行单双数月份的交换，且组内再重新抽签决定临时替班的序号，这样做大致能够实现客观公正、机会均等。此外，A、B 组的随机分配每两年重新安排一次，也可有效防止小团体的形成。

## 总结评述

这个案例向大家提出了一个非常具体的问题，就是可以给出明确的可操作性的方案的那种。通览一下大家给出的各个观点，有一点还是很值得肯定的，就是基本都意识到了"制度和规则"的重要性，而且大部分方案都兼顾了奖惩两个方面，而不是一味地站在道德的高地上，通过"说教"的方式，希望员工能够多多理解单位的处境、彼此之间相互体谅和帮助。当然，后者并不是说完全无效，但一定不能作为主要的解决方案，至多是个辅助和补充，平时开会、团建的时候时不时地提一提，多少能有些潜移默化的效果。但是到了关键时刻，还是要靠"硬约束"，即"有法可依"，在大家事先都认同的规则面前，轮到谁承担责任都无话可说，这就是制度的好处。

相对于一般性事务的制度设计，案例中的问题还有一个特点，就是"24 小时排班制"，这意味着在时间上完全没有冗余和"松弛空间"，不论哪一个时点上出现闪失便都是"工作事故"，所以这就对制度设计提出了更高的要求。一些观点中提出了"A、B 角儿"的思路，这确实是个好方法。其实这个方案不仅适用于有人休假的情形，即使在正常排班的情况下也可以作为应急预案来使用，相当于每个时段都安排有两个员工，一旦"主力"出现意外情况，马上能有人顶上，从而确保工作上的万无一失。

# 案例 2-2　　不堪重负的科室

年轻有为的 H 科长和科室的 5 名人员相处融洽，大家积极上进、工作尽心尽力。但是 H 科长有个问题——爱"揽活儿"且"不拒绝"，导致科室人员忙碌而疲惫，心生抱怨，H 科长该如何扭转这个局面呢？

## 故事

H 是某机关单位一个科室的年轻科长，科室内有行政编制的副主任科员1名，以及4名基层单位的借调人员。H 领导下的5人，虽然能力各不相同，但均属于积极向上的人，对待工作态度积极。

H 在机关单位中是有名的不推脱工作的人，分配到的活儿都尽心尽力干好，但是由于该机关单位在新形势下申报了市级、国家级相关示范区的创建工作，导致科室内的工作越来越多。虽然部门内的几个人工作态度都很积极，但是也顶不住工作越来越多，领导对科室的要求也越来越高，于是大家也忍不住开始抱怨，"太忙了，这个稿子没写完，又来一个，为什么老让我写稿子""组织活动又不让我们去，你看×科，全员出动参观学习，怎么就我们科室这么忙""每次怼完科长后，我都有深深的罪恶感，看他在那加班加点的干也挺不容易的，但他那人吧，不是非得我们科干的活儿也要接，好多活儿都明显是办公室该干的，但那边总是装傻说'不知道'，难道就我们科知道吗？真的太累、太烦了，都是科长把他们惯出来的"……诸如此类的牢骚，几乎每天都要来一轮，部门每次小聚也都成了几个人释放的窗口。

H 科长确实是那种三观很正、任劳任怨的人，周边人总是开玩笑说，如果机关事业单位的人都像 H 一样，那中国就没有懒政之人了，没有政府解决不了的事了。

## 问题

很优秀的 6 个人聚在一起努力工作很不容易，但是抱怨的情绪在变多，而负能量又是会相互影响的，有个同事甚至想考走，H 科长该如何改变这样的状态呢？

## 见解

### 观点一

假如我是 H 科长，我会从以下几个方面开展工作，改变现在的被动局面。

首先，不管当前任务多重、科室里的情绪多复杂，我会坚定自己的理想信念，坚持自己的工作风格，以身作则，认真完成好各项工作和任务，发挥好先锋模范带头作用，切实发挥科里负责人和主心骨的作用，并为科里的其他同志做好榜样和示范。

其次，反思当前的被动局面，按照部门工作职责，认真梳理工作内容，避免出现"耕了别人的地、荒了自己的田"的情况。我也会尽快找到合适的机会，向领导和兄弟部门展示我们科的工作状态，争取领导和兄弟科室的理解，尽量减少"工作越干越多、加班越来越多、工作不被别人理解"的被动局面。

再次，我会尽快和科室副主任一起向领导汇报科里的工作情况，把本科室近期的工作内容和成果向领导做一次专题汇报，同时说明下一步的工作计划、提出目前工作中存在的困难，希望在分配工作量或者增配人手方面能够适当予以倾斜。在日常工作中，我会充分调动科室副主任科员的主观能动性，予以鼓励和支持，更好地相互配合，让副主任科员在工作中发挥更大的作用。

最后，科室要充分利用部门小聚的机会，增进同志们之间的感情，增强团队的战斗力，及时传递重要信息，告知大家领导们对我们科室非常关注，领导也已经知道大家近期的辛苦工作，给大家加油鼓劲。在阶段性任务完成后或者紧急任务的空档期适当安排调休，尽量调整同志们的状态。

### 观点二

我觉得 H 科长这个做法主要与他的个性有关，这种人往往被累死了也得不到别人的认可，我觉得人的一生必须要学会一门课，就是"合理的拒绝"，这并不是推卸责任，而是职场中必须掌握的一门技巧。如果只影响到个人还好说，关键 H 科长的这种做法影响到的是整个部门，让大家都跟着"吃力不讨好"，当一个人的行为导致整体上失去公平性，自己白白付出不说，还必然会导致与之合作的人员的不满，肯定会影响到工作的效果和积极性。

言归正传，我不否认 H 科长确实是一个认真负责的好同志，他身上有许多优点是需要当代机关工作人员学习的。但是，H 科长必须要反思自身作为科长在科室管理、与其他科室协调方面存在的问题。认真负责、"不推活"是一个好品格，但是作为科室领导这样做却存在一定的问题。因为科室人员数量是一定的，要处理的问题、完成的工作量也是一定的，机关单位在新形势下，由于申报了市级、国家级相关示范区的创建工作，势必会带来越来越多的工作量，作为科长在这个时候一定要与上级领导和其他科室进行积极沟通，讲明工作量的问题，明确工作内容的归属，进行职责划分，将本不属于其科室的工作内容向其他科室进行合理分配，毕竟相关科室才是专业人员，可以更好地处理相关业务。以此为理由，应该不会被大家认为是推脱吧。

最后，H科长应该对科室内部成员进行积极动员，帮助大家摆脱消极情绪，希望大家在非常时期可以本着多奉献的精神，快速高效地完成工作，但同时应在科长职责权限内帮助大家做好调休，可能的话争取一些福利。

**观点三**

负面情绪确实是可以传染的，虽然在工作压力大的情况下，适当的发泄也在情理之中，但作为班组负责人有必要及时遏制过多的抱怨。

首先，在工作上，H科长应该以身作则，主动挑大梁，工作冲在前面起到带头作用。其次，在平日里，H科长要尽量和大家打成一片，多和下属谈心，适当的时候也要多参加部门的聚会，在聚会上让大家畅所欲言，同时倾听大家的心声，并表露自己愿意和同事们站在一起的立场，不要把自己和大家对立起来。科室的人员之所以有这样的抱怨，想必和心理不平衡有一定的关系，因为付出的一直比别人多却没有得到更多的回报；如果不及时疏导，长此以往势必形成积怨，因此H科长可以考虑在适当情况下和上级主管领导反映一下自己的难处，给下属们多争取一些福利（如评优、奖励等）。

**观点四**

以下四点建议供H科长参考：

第一，尽力控制工作节奏，用好"拖"字诀。一张一弛是体制内单位的生存之道，干活儿千万不要太快。太快会让领导觉得你总是在闲着，所以派下来的活儿会越来越多。因此，务必让科室的工作节奏慢下来。

第二，可以选择主动争取，避免接受被动安排。对单位的事情多了解多观察，多留意多思考，究竟哪些是体制内的"肥差"，或者至少是不太累的活儿；哪些是苦差事，是吃力不讨好的"鸡肋"工作，作为科室领导一定要在心里有杆秤。然后抓住时机主动向领导争取"好差事"，即那些好干的活儿、能干出成绩的活儿，这样的事情也会让部门同事们更有动力和积极性去做，容易受到关注、赞扬或者得到奖金等非常现实的好处。

第三，可以巧妙"转让"，而不是照单接活儿。当单位领导再分派不属于本科室的任务时，可以这样跟领导说："领导，您看我们科室还在忙着您上次布置的任务……（具体说出正在做的几个工作），实在分身无术，××科室的××是这方面的行家，经验很丰富，我觉得这事儿他们来负责最合适了，当然如果有需要，我们科室肯定也会尽最大努力抽时间帮忙……"这样应对便化被动为主动，相当于主动出击，大概率可以避免任务过载。

第四，H 科长还是应该找机会把自己的真实想法跟直管领导汇报一下，学会见缝插针、言简意赅地表达，尽量多给科室的兄弟们争取一些加班补贴或者晋升职位，这样才能获得科室成员的支持。

## 总结评述

故事中的 H 科长三观端正又勤奋上进，在上级眼里肯定是个好干部，在同事眼里是个"好人"也没问题，但在科室员工眼里是不是个好领导就值得商榷了。

在现实中确实有这样一类领导，本人吃苦耐劳、任劳任怨，而且高风亮节，什么好处和利益也不拿，即使做出了很大贡献都不求回报。这样的领导确实值得钦佩和尊敬，但问题在于，这类领导往往也以"只讲奉献、不讲索取"的标准来要求下属，这就不大妥当了，设身处地地想一想就不难理解。作为下属，刚开始的时候或许会被领导的人格魅力所感动，也会跟着领导一起干，这时的想法大多是"我们的领导都不拿任何好处，我们也没理由讲索取"。但是，人毕竟不是生活在真空中，时间一长难免会产生情绪，先是自我怀疑和否定——我天天这么辛苦，一点回报也没有，到底值不值得啊？然后就是与领导产生分歧——领导天天这么干，还能树立一个高风亮节、无私奉献的好干部的形象，说不定哪天作为典型就被提拔高升了，我就是部门里面一个小兵，也跟着拼命，我这是图啥啊？我是不是傻啊？这种想法是完全合乎人性的，长此以往，结果就是大家对工作的懈怠。

因此，对于故事中的 H 科长而言，意识到这个问题是极为重要的。领导对待自己的下属，一定要做到"利益基本均衡，贡献与报酬相当"，其背后的理论基础就是亚当斯的工作动机理论，又称"公平理论"，这一理论强调组织成员的工作热情和投入取决于他对自己在工作上的付出和回报是否平衡，而这又在很大程度上取决于他对同事、同行等具有可比性的参照者的情况认知。从案例描述来看，目前整个科室的付出与回报显然是严重失衡了，该如何回复平衡呢？对 H 科长来讲有两个选择：要么减少工作量，要么增加大家的报酬或福利。根据案例中的信息，H 科长有些"老好人"，属于不大会拒绝他人的一类人，因此短期内实现"减少工作量"似乎不大容易；相对而言，通过多种渠道努力为大家争取一些回报还是有可能的。我们假定 H 科长此前尚未意识到自己的问题，那么一旦意识到了，就需要立刻采取行动了，否则，后果真的"很严重"。

# 案例 2-3  不受欢迎的"民主"

刘主任在工作中推崇"民主"原则，凡事都要群体决策，重要事务提交领导班子集体讨论，一般事务也尽量召集全体会议。刘主任的本意是兼顾大家的意见和想法，确保公平公正，然而效果却差强人意，不仅难以形成共识，而且反倒被指责决策过程中有偏袒。刘主任感到很委屈，怎么会这样呢？

## 故事

刘主任新近被任命为某市直属单位下级中心的负责人。上任后，刘主任兢兢业业，对上尊敬领导，对下团结同事。同时刘主任十分推崇民主原则，为了避免"一言堂"，中心的一切重要事务，刘主任都要提交到中心班子进行集体研究讨论。对于中心的一般性事务，刘主任也会尽量开全体会讨论。

但是，随着时间的推移，刘主任却发现工作越来越难开展。一方面，众口难调，众人难以达成共识，开长会、多开会却仍不能形成统一意见；另一方面，也有声音指责刘主任在决策过程中有偏袒，因此并不是真正的民主。对此，刘主任感到很伤心，他就是想尽可能保证公平公正，才在单位施行民主决策，可大家却不理解他的良苦用心。

## 问题

如果你是刘主任，你将如何去做，既能让单位的同事们满意，又能推动工作的开展？

## 见解

### 观点一

刘主任的主要失误在于未能贯彻民主集中制的管理思路，忽视了领导班子的作用。民主集中制的本质是以民主为基础的正确的集中。

第一，讲民主没错，但更要讲方法。对于中心的一般性事务，应该尽量避免开全体会讨论，而应尽可能依据制度、按章办事。但是，对领导班子决策的"三重一大"（重大事项决策、重要干部任免、重要项目安排和大额度资金使用）和涉及职工群众切身利益的事项，除依法保密事项，则都应通过适当途径在一定范围内进行公开讨论，扩大对决策过程和结果的知情范围，主动接受职工和上级领导的监督，不得由个人或少数人专断，最大限度地减少和避免决策失误。

第二，要充分发挥领导班子的作用，正确处理好一把手与班子其他成员、少数与多数、个别酝酿与民主决策、集体领导与个人分工负责之间的关系，切实做到决策时的民主与执行时的集中。对于重大分歧问题可以多做调查研究，不必急于达成一致意见。在议事之前，需要研究和决定的重大问题应该事先让班子每个成员知道，让大家会前认真准备，会上充分发表意见，最后按照少数服从多数的原则来决定，从而坚持好集体领导、民主集中、个别酝酿、会议决定的决策程序。

第三，应贯彻制度面前人人平等的原则，对民主集中制的各项制度贯彻中任何"犯规"现象都要依据制度予以批评教育和惩处，不允许出现任何违反民主集中制的"特殊人物"，同时必须要求个人对于集体决定的事情坚决执行，不应抱怨或有强烈不满的情绪。

**观点二**

我认为问题的出现有三个原因：一是刘主任对单位里施行民主的理解出现偏差。对待工作事无巨细，无论重要事务还是一般性事务都要开会讨论，既耽误工作又浪费大家时间，事实上并不能达到民主的目的和效果。二是刘主任与同事的沟通不够。刘主任自己想推行民主，所以就经常开全体会，但作为参会的普通同事恐怕并不能理解刘主任的意图，开长会、多开会只会让大家产生负面情绪。三是该中心的会议制度是有问题的，没有明确规定"什么性质的会、对应怎样的规模"，因此制度建设有待完善。

相应的，解决问题也应从三个方面入手：一是改正对民主的理解。刘主任应正确理解民主与集中的关系，会议原则应是集体领导、民主集中、个别酝酿、会议决定。刘主任在会议前，需要多进行一些工作，与会议涉及的核心人员简单交流一下，征求意见；在会后就会上的争议与相关人员进行沟通解决，既要保证会议决策的集体参与，也要保证工作的效率。二是加强与同事的沟通。虽然刘主任一片好心推进民主，但单位里仍有声音批评指责，说明刘主任与同事的沟通仍然是不足的，刘主任应与重点人员多碰头、多交流，统筹工作开展，协调多方取舍。三是构建出合理的制度。一个单位的会议制度应有具体的规范，不应该是"领导想开就开""想扩大到全体就扩大到全体"。该问题解决的关键还是要加强制度建设，构建合理的会议制度，让领导有制度可依循，让员工有制度可遵循。

**观点三**

我认为，刘主任在"某市直属单位下级中心"推行民主管理，并不是明智的做法。

诚然，推行民主型管理并无不妥，尊重下属个性、鼓励下属参与决策，能够让领导者赢得下属的信任、尊重与支持，同时提高下属对工作目标的认可程度，但是在"某市直属单位下级中心"这样一个有浓厚行政背景的单位，其实是不适合推行民主管理的。民主管理更适合规模较小、组织结构松散、等级不严格、员工普遍能力较强的机构。

没有尺度的全盘推行民主型管理，会导致不断开会、不断让大家交流意见，但是无法达成共识。这种决策效率低下，会使下属感到迷惑不解，失去方向。如果没有运用和控制好，还可能导致矛盾与冲突的增加。刘主任面临的就是这种情况。

对于刘主任来说，更明智的选择不是树立"民主型领导风格"，而是树立"亲和型领导风格"。在相对传统的"某市直属单位下级中心"，通过更多的倾听、频繁的人际互动来营造和谐的氛围，增强领导与下属之间的情感认可。在人事升迁、工资福利等利益分配问题上，要有决断，同时也可通过私下的沟通去缓和矛盾。

**观点四**

首先，我要对刘主任这种"重要事务集体研究讨论"的想法给予肯定，说明刘主任是一个想要让单位更加民主的好主任。但是，这种一切事务全部进行集体讨论的行为不仅无法提高单位的办事效率，更加无法调动集体工作的积极性。并非所有的参与者都能理性客观地分析事务，所以对于这种"民主"的方式我认为并不可取。

我对刘主任有以下建议：设定中心事务的集体讨论的标准，将中心所有的事务按照标准进行划分，如分为"中心主任独自批复事项""中心领导班子讨论批复的事项""中心一、二级领导共同讨论批复的事务""由中心集体共同商议讨论批复的事务"等，每年进行一次中心领导班子的批复事务汇报，听取集体的意见及建议并进行整合，作为下一年度领导班子批复事务的借鉴和参考。按照上述方法可以大大加快单位的办事效率，推动单位工作的迅速开展，同时既有领导班子商议又有集体商议，也体现了单位的民主。

**观点五**

从案例的背景描述来看，可以看出刘主任是一个比较开明的部门领导。但明明是"广开言路、施行民主"的有益举措，为什么最后落得"吃力不讨好"的局面？

如果要解决刘主任的困惑，建议刘主任首先冷静思考以下几个问题：（1）民主对于中心的所有事务决策真的有用、有必要吗？（2）其他领导班子成员和其他员工真的认同和需要这样的民主吗？（3）中心目前的开会形式真的有效吗？

针对上述问题，我有以下几个建议提供给刘主任：（1）民主只是手段，一定不是决策的目的。我们决策的目的应该是解决问题，指明方向、授权分工；而我们之所以需要民主决策，主要目的是听取多方意见，保证信息充分，为决策做参考，而不是让每一个人都来参与决策。因此，个人认为刘主任应该制定好决策制度，依据不同议题的级别来确定是否需要所有人开会讨论，这样也是提高决策效率的应有之策。（2）每个人的职务岗位不同，思考方式、专业背景、做事风格等都不同，决策并不适合每个人都参与，这种民主也未必是中心的员工真正想要的，例如，有些人就只喜欢听上级领导安排做事，所以刘主任不能"以己度人"，虽然民主可能确实是好事，但也要具体问题具体分析。（3）开长会、多开会对中心发展一定不是好事，试想一下，大家总是在开会，那具体的执行谁来做？开会不是目的，解决问题才是目的。所以建议刘主任一定要采用更加科学有效的开会方式，例如，参考罗伯特议事规则，制定好开会制度并推行，开会前提前告知大家开会时间、开会议题、开会流程等，尽可能提高会议的效率。

我曾经和朋友总结了如何高效开会的101条注意事项，希望可以给刘主任做个参考。

## ● 会议的时间控制

开会要花费宝贵的时间和金钱。故而会议要在有必要时才开，并且要开得简短有效。

（1）每次一开始就让大家都清楚会议目的。

（2）如果某个问题不开会也能解决，就不要开会。

（3）要认真考虑，是什么使会议成功，反之又是什么使会议不成功。

（4）要考虑：如果不开这个常规会议又会怎么样。

（5）请记住，上级主管参加会议会抑制讨论。

（6）在工作场所以外的地方举行会议，大家都会觉得轻松。

（7）要熟悉正式会议的各种程序规则。

（8）要注意正式会议所具有的一切法律要求。

（9）开会前先通知与会者，要他们注意会议讨论的重点。

（10）信息要加以选择，避免过多。

（11）组织视像会议和打出会议电话时要考虑世界各地的时差。

（12）通过限制网上会议时间使会议完善。

（13）电话会议上发言时要重复你自己的姓名。

（14）仔细考虑你要召开的会议的类型。

（15）会议要尽可能小，以免分散注意力。

（16）在容易看见的位置上放一个表或钟，以便掌握时间。

（17）凡辅助文件均应与议程一并发出。

（18）会前先拉几个盟友。

（19）开会前必须确信一定能达到会议目的。

（20）只要有人偏离会议方向，立即提醒他们注意议程。

## ● 会议准备者应注意

为准备会议花的时间是不会浪费的。确信正确的人于适当的时间、适当的地点前来参加会议，并确认他们能做出正确的决定。

（21）要考虑与会者在群体合作状况下的工作情况。

（22）决定开会时间前要先考虑交通时间。

（23）如果人们不能出席则应该重新安排会议。

（24）在议程各个项目旁列出发言人姓名。

（25）要避免在低效能的时间开会，如午餐刚结束后。

（26）任何议程变动都必须通知主持人。

（27）议程要尽可能短小简单。

（28）尽量将议程限制于一页纸上。

（29）最重要的事应该安排在议程的前面，要趁与会者精神状态最好时讨论。

（30）要考虑需长途跋涉赶来开会的人所花的时间。

（31）要确保有向残疾与会者提供便利条件的设施。

（32）必须将电话转移出会场。

（33）将有可能出问题的会议安排在中立地开。

（34）要求你的后勤人员核实会场当地公共交通的线路站点、运行时刻表和季节变化。

（35）要找一个确保没有干扰的会场。

（36）要考虑多种座位方案后再选择最合适的一种。

（37）使用圆桌可使会议定调为非正式。

（38）务必使全体与会者既能看见又能被看见。

（39）座位之间应有一臂长的间隔。

（40）不能让与会者受太阳直接曝晒。

（41）要求与会者关闭移动电话和传呼机。

（42）不要用很舒服的椅子，以防与会者打瞌睡。

（43）开会前要检查所有的视听辅助是否完好。

（44）要谨防会场过度提供酒菜牟取额外利润。

（45）要确保特殊饮食在需要时能有供应。

（46）会前不要喝太多酒，喝酒并不能提高工作效率，而且常常适得其反。

## ● 会议出席者应注意

一个会议的每个参加者都有责任确保会议达到目的。故而要预先准备，积极发言，使每次会议都有成效。

（47）会前拟出自己的发言稿。

（48）和其他参与者在会前详细讨论并解决有问题的议案。

（49）要保持积极的脸部表情和音调。

（50）为自己的排练录像以检查说话是否清楚。

（51）开始发言前先作深呼吸。

（52）既然一个意见是你自己的意见，你就应该信心十足地讲述。

（53）不要打断别人发言，而应让他们畅所欲言。

（54）要用不同的词汇讲述相同的意思，使之更生动有趣。

（55）谈判时要识别任何有一致性的地方。

（56）为使每次会议成功，你要尽到个人责任。

（57）鼓励那些在常规会议上轮流当主席的人。

（58）即使你要否决某项动议，也要尽量找出至少一处共同点。

（59）作为一名主席，要确信你能听得进各种观点。

（60）必须按照议程顺序做会议记录。

（61）建议主席在新会议记录定稿前先念一遍。

（62）根据会上所做笔记，会后立即写出会议记录。

（63）会议记录写完后，还要使句子简短中肯。

## ● 会议主持者应注意

每个会议都需要主持人指导进行。如果你主持会议，最重要的任务就是必须确保每次会议顺利进行，成功结束。

（64）要公开提问，鼓励每位与会者说出自己的观点。

（65）要求某些与会者就你主持会议的表现做出真实的反馈。

（66）尽量于会前认识新来者。

（67）要于会前透彻研究主要观点的领袖。

（68）将会议安排在午餐之前，这样就较容易按时结束。

（69）会议一开始就告诉与会者会议计划需进行多长时间。

（70）让迟到者知道他们的行为对会议不利。

（71）要制止支流辩论和私下交谈。

（72）请发怒的与会者谈谈发怒的原因，以此消弭愤怒。

（73）要用积极的响应鼓励迟疑的与会者。

（74）在与会者中寻找感兴趣的正面迹象。

（75）如果有人必须在你之后发言，应注意他们是否不耐烦。

（76）可挑选出某些人，向他们提一些直接的问题，以引起辩论。

（77）要掌握适用于会议的正式的纪律性程序规则。

（78）用片刻沉默将会议从争吵中带回到正轨上来。

（79）必须清楚每次会议的规则。

（80）开会时要尽量使大多数与会者站在你这一方，从而孤立捣乱分子。

（81）要改变会议气氛，须先改变议题。

（82）驱逐任何捣乱分子须不得已而为之。

（83）要趁全体与会者在场时安排好下次会议。

（84）确保各项决议记录在案。

（85）必须尽量以积极的调子结束会议。

（86）向每位到会者、所有的发言人致谢。

（87）要区别书面规则与非书面仪式。

（88）可为正式会议录音以确保会议记录的准确性。

（89）向与会者提供收发信件服务。

（90）首先处理日常事务和管理事务。

（91）应在签名报到台旁设一信息台。

（92）会场吵闹时要站起身显示主席的权威。

（93）要为小组委员会制定准则。

（94）不要过多使用程序，因为这样有可能会抑制自由讨论。

（95）可将复杂问题委托给一个工作小组，由他们晚些时候汇报。

（96）请记住，你有权决定何时闭会。

（97）为重要会议录像，以便将来参考。

（98）要尽可能简化程序规则。

（99）面对抗议示威要保持冷静，示威可能会自行消失。

（100）如果与会者大发脾气，可宣布短暂休会。

（101）预先与保安人员商讨处理捣乱分子的程序规则。

**观点六**

这个案例是一个关于体制内单位"一把手"做决策时推崇民主带来麻烦的问题。

我认为，几乎没有哪个单位会有绝对的民主，要想做好单位的负责人，就要把握好民主与集中的"度"。一定程度上讲，单位负责人要有绝对的话语权，这样才能保证其领导思想得到准确有效的执行。正所谓"民主集中"的原则，有民主也要有集中。当然，集思广益可以为领导提供更多的解决思路，单位负责人要充分发挥好民主的益处，确保自己的决策完善正确。在此基础上，对于具体问题可以采取"专项对待"的方法，不涉及单位各部门均参与的工作内容，刘主任可以先与工作内容相关的部门的负责人沟通，形成一个初步的想法，这样提出的讨论方案可以得到大多数相关部门的认可，在会上讨论时，各相关部门没有意见，不相关部门也自然没有意见，集体讨论的环节就容易通过。对于另一些事情，刘主任完全可以按照自己的想法去安排工作，而不必顾忌被同事认为是"专断"；因为几乎事事都一人决定才叫"一言堂"，掌握好直接决定和民主讨论的比例，就不会让下属有"一言堂"的感觉，当然，这个前提是自己做的决定是合理和可执行的。

— 63 —

**观点七**

我觉得刘主任只是自认为推崇民主，其实根本就没有理解正确的民主集中制原则，也没有很好地处理好集权与分权的关系，所以导致结果并不理想，甚至与初衷背道而驰。

集权和分权各有优缺点。集权的优点在于政令统一，指挥方便，便于集中力量，统筹兼顾；缺点是不能及时处理政务，容易导致小团体或个人独裁，下级的积极性得不到充分发挥。分权的优点是有利于充分调动下级发挥积极性，防止组织和个人独断专权；缺点是权力过于分散，政令不统一，容易产生有令不行、有禁不止、上有政策下有对策的现象。

顺利开展工作必须要坚持正确的民主集中制原则，行政权的分配要适度，既要民主、又要集中，既要有决策力、也要有执行力。案例中的刘主任名义上追求民主，实际上是过于分权了，把绝大多数权力分配给下属和同事，放任自流、不管不问，导致下属之间出现推诿扯皮、人心涣散的现象。因此，刘主任要改变现状，必须采取"适度放权、权责一致"的原则，抓住主要事务的决策权，同时把局部性的事权下放，强调责任担当，让同事既要有充分的自主权，又要对领导该担当的事情负责，最终实现高效办事的目的。

**观点八**

作为部门的一把手领导，刘主任的出发点是好的，尽量在满足民主决策的前提下，既让同事们满意，又推动单位的工作；但实际效果却很不理想。首先分析一下刘主任存在的问题：一是决策过程耗时过长，在决定一般事务时也要召开全体会讨论，客观上延长了决策的时间，容易使大家感到烦躁与不满，进而影响到对刘主任的看法；二是决策结果并不客观，在集体讨论会上，通常发言的都是单位较为强势的人，且往往只代表一部分人的观点，而某些人往往碍于情面不愿发言，导致决策结果并非绝对符合客观情况和主流意愿。

对于刘主任的问题我提供以下解决思路：一是找准自身定位，作为部门负责人，要发挥好决策过程中的主导作用，能够在不同的处理方案中找到最贴合实际的选择，同时也要充分认识到没有最完美的选择，只有相对完美的选择；二是拓宽决策渠道，通过开会方式进行决策费时费力，甚至可能会占用大家的休息时间，很容易引发反感情绪，因此可以通过网络邮箱、意见箱等方式进行公开征集，并将相应的选择列在网上供大家同时进行投票表决，既充分保证了每个人表达意见的权利，又能够直观显示多数人的意见，避免将矛盾引向自身。

## 总结评述

这个案例提出的问题并不复杂，解决方案其实也挺简单，正因为如此，才让很多同学感慨，"某市直属单位的负责人"，按说级别也不低了，怎么就这种水平呢？

从各个观点的分析和建议来看，同学们的专业水准和理论素养还是挺高的，使我们对"民主集中制"的内涵和具体操作方法有了更为深刻的认识。而刘主任的问题就在于，做事打着"民主"的旗号，其实并不真正理解民主的内涵，以及在操作层面的关键要领。如果是真的不懂，那么说明刘主任的理论水平不过关；如果是"懂装不懂"，那么说明刘主任作为领导少了点担当，借"民主"之名逃避责任——万一某个决策出了问题，就说是"集体决定"。当然，我们宁愿相信刘主任的症结是前者。

在具体的操作层面，刘主任只要做到一点其实就可以了（前提是刘主任学习一下决策论方面的知识），那就是将日常工作中需要开会讨论的事项全部列出来，然后将其分为"结构化问题"和"非结构化问题"两类，结构化的问题采用程序化决策（利用规则、制度、工作手册等工具去完成），非结构化的问题则"具体问题具体分析"，需要开会的就开会（会议也是分规模和重要性等级的），但一定不必是次次"全体大会"。至于实践方面的经验和技巧，各个观点建议中提供了很多有益的参考，特别是观点五，还附上了"高效开会的 101 条注意事项"，肯定是够用了；这里特别向其版权方——中国儿童少年基金会，致以真诚的谢意。

# 案例 2-4  令人反感的工作日志

某公司高管为了提高工作效率，要求员工每天做好工作日志，记录每个小时的工作内容和产出，没有产出的工作内容会被高管指责为"工作懈怠"，大家感到疲惫不堪，对这种记录工作日志的方式非常反感，但又不知如何向高管提出建议。怎么办才好呢？

## 故事

为了提高工作效率，某公司高管要求下属员工必须做工作日志，日志中要写清楚工作日每天、每小时的工作内容和产出。员工对工作日志非常反感，因为工作中有很多琐事是没有产出的，比如和客户沟通业务、查找资料等，但这些工作都是正常工作中必须做的内容。由于要记录每个小时的工作内容和产出，员工不但要忙工作，还要花时间写记录，有时候忙起来就忘记了，还得补写。

在日志记录中，没有产出的工作内容会在例会上被高管批评，高管认为这是员工工作懈怠、不够高效的表现。后来大家也学"精"了，都不按照实际的工作情况进行记录；另外，对于那些没有产出的工作内容，只好利用下班时间来完成，不得不加班。

员工们非常想和高管建议，改变这种记录工作日志的方式，但又迫于权力的压力，不敢提出，因此大家都情绪低落，非常苦恼。

## 问题

记录工作日志真的能提升工作效率吗？对于公司的一些不合理的

规章制度，作为普通员工，如何表达自己的想法和建议？

## 见解

### 观点一

如果工作日志就简单地局限于每天工作内容的流水账记录，我觉得意义不大，难以提升工作效率，反而是降低了工作效率。单纯通过工作日志来了解员工的工作内容、评判员工的工作能力，对于高层管理者来说，是十分狭隘和局限的。工作日志不应该是单纯展示给领导看的一种工作记录，如果能加入员工自己在工作中的问题分析、工作感悟反思等，对于提升工作效果和解决工作中的问题还是有帮助的。

如果真的想提高工作效率，建议把工作日志这种方式改成每日晨会或周会，大家集中出席，把当前存在的问题、未来自己的工作规划，以及需要其他部门或领导配合的地方，当场指出来与大家进行讨论，这种方式不仅有助于高层领导更加深入细致地了解员工的工作内容及进展，而且还能更高效快速的解决当前问题。

至于提出建议的方式，特别是针对公司的一些不合理的规章制度，有些公司会有专门的意见收集簿，如果怕得罪领导，可以匿名写在意见簿上。如果是大家都觉得不合理的规章制度，可以在集体开会的时候，由一人发言阐述，其他员工进行附议，从而让领导知道是群众的呼声、给予重视，然后重新审视那些不合理的规章制度。

### 观点二

记录工作日志真的能提升工作效率吗？对于这个问题，我认为工作日志是个非常琐碎、但也非常值得坚持的事情。运用好工作日志的确能提升工作效率。记录工作日志主要有以下几个好处：

第一，对员工来说，如果用心，可以从工作日志中归纳、总结出自己的工作重点、工作内容的规律。经过一段时间记录工作日志的积累后，对照自己的业绩情况，可以有针对性地调整自己的工作方式，从而提升自己的工作效率、提高自己的工作能力。另外，员工可以根据自己的工作日志，了解各项工作的完成情况以及进展的顺利程度，从而有效调整自己的工作计划。

第二，对部门管理者来说，可以从工作日志中发现不同员工的工作习惯、工作方式和工作特点，可以及时对员工的不良习惯和方式进行提醒、干预；也可以据此优化本部门各岗位的工作职责及人力资源配备，实现员工效能 $1+1>2$ 的效果。

第三，对单位来说，可以从工作日志中判断人力资源的分配情况是否合理，据此对单位部门设置、岗位设置等进行合理的调整；此外也可以看出单位各年度、季度、月度工作计划的完成是否顺利，并及时采取有效措施。

对于公司的一些不合理的规章制度，作为普通员工该如何表达自己的想法和建议？对于这个问题我有以下两点想法：

第一，不能从心理上先入为主地对公司的规章制度有逆反心理。对于公司的规章制度，不能仅从员工自身的角度去判断其是否合理，而是要学会换位思考。对员工来说，很多规章制度是约束性的，甚至是惩罚性的，因此更可能会觉得不合理。但从公司的角度看，有些要求的确可能有不合理的地方，但绝大部分是公司正常、持续、健康运行的重要保障。

第二，如果的确是不合理的规章制度，作为普通员工提建议，要选择合适的对象、合适的场合、合适的途径。

合适的对象指的是对规章制度有决策权的人，比如制度的制定和解释部门、分管领导、主要领导等。不要与那些对规章制度没有决策权的人讨论制度，否则就成了背后议论制度、无效的抱怨了。

合适的场合，一是指公司公开征求意见的场合，比如务虚会，此时可以大胆地提出来；二是有决策权的领导恰好在场的时候，比如和这位领导一起出差、一起散步、一起参加某项活动的时候，正好遇到和该制度有类似情况，此时可以"不经意"地提到员工们对修改该项制度的建议。

合适的途径，即公司允许的提意见的途径；或者是自己选择的"不显山不露水"的途径。不能"硬邦邦"地突然向领导提建议，更不能以抱怨或告状的方式提建议。

**观点三**

记录工作日志是否真的能够提升工作效率，应该基于工作岗位的需要来评价。一般公司的行政人员、经理助理等职务是需要记录工作日志的，但是对于公司内部的设计岗位、新媒体技术人员，甚至业务经营人员等来说，这种方式对工作效率的提升并不能起到很大的作用。公司这种看似科学的管理制度背后，实际上真正的意义并不大，相反会导致员工压力增大、积极性降低。作为普通员工，可以建议公司将真正的考核制度落实到工作实务当中，提高员工工作技能和效率，而不能一味追求统一的机械式的办公管理模式。

**观点四**

首先应了解公司高管要求下属员工必须做工作日志的真实目的，在我看来写日志并不是单单为了提高工作效率，通过汇总员工的工作日志情况，可以形成大数据进行分析，可以总结出更好的工作方式，进而摸索出适合公司发展的、开展业务的工作模式。如果实在认为记录日志没有必要，可以换一个角度思考，就把写日志当作备忘录好了，这是一个很好的助力自己日常工作的方式。

至于提建议的方式，每个企业都会有问题反馈的机制和程序，因此可以与公司高层直接反馈，如果是私企这么做一般没有问题，证明你真的在思考公司整体的工作效率的问题；如果是事业单位，不建议直接反馈，可以与有决策权的领导以咨询的方式提出你的疑惑、寻求解答，效果可能会更好。

**观点五**

我认为以合理的频率记录工作日志还是可以提升工作效率的，比如根据不同岗位以天或者周作为日志的记录单位，内容可以是已完成事项和第二天的待办事项，有助于保持工作的连续性。不过像案例中所说的，精确记录每个小时的工作内容和产出就没有太大必要了，不但浪费时间，还容易打压员工的积极性，使员工感觉没有任何自由可言。

作为普通员工，直接向高管提出不满和要求是很不合适的，但是可以跟直接主管去提，而且要注意方式方法，主要表达目前的处境，从工作效率的提高等方面去说事情，最好能给出一个详细的解决方案。既然你认为这种记录工作日志的方法不合理，那就需要提出一个更合理的方案。

**观点六**

对于案例中的问题我有以下几点想法：

第一，记录工作日志在大多数时候和提升工作效率的关系不大，工作日志的关键作用仅仅在于留存过程痕迹，对于生产类企业有助于安全生产和责任监督。但对于非生产类企业，留存的工作记录很多时候是不会有人再去翻阅和查询的。

第二，一些管理者认为记录工作日志有助于让自己了解员工的工作情况，并形成对员工工作的监督，但这实际上是在管理过程中的不信任关系所产生的，工作日志所提供的记录并不能全面反映一个员工真实的工作内容和状态；同时，工作记录是可以造假或过度夸张的，而一旦管理者的思维陷入这种不信任管理中，想通过更加严格的监管来实现管理权威，则会造成更多的对立，包括有可能在工作日志的记录上叠加更多的要求，从而进入恶性循环。

第三，对于公司的不合理制度，从员工的角度出发，首先要理解这些制度存在的原因及其背后的合理性，尤其是当员工掌握的信息不全的时候，他们可能并不知道这项制度背后的机制和目的，所以了解制度背后的各种可能性和决策层的想法是第一步。

第四，一个制度的运作同样涉及投入和产出的情况，如果想对这一制度提出质疑和有效的改进建议，就要从投入产出的角度协助决策层去厘清其实际运作过程中的情况，拿出事实作为依据，并提供对应的更加适合的方案。

**观点七**

从案例中我们可以了解到，该公司高管要求下属做工作日志的目的是提高工作效率，但最后的结果却是导致员工普遍不满、工作效率不高反而更差。

对于工作日志的作用，我个人有不同见解：一方面，在公司员工普遍懒散或抱怨工作任务太多的情况下，工作日志是有利于员工进行自我工作梳理和养成自我激励反思习惯的好方法，也是管理者了解员工状态的渠道之一；另一方面，对规章制度提出建议也要做好民意调查，充分了解特定制度出台的必要性和合法性，记录工作日志的目的是提高效率，但不一定适合每一个人，所以一定不能只追求形式而忽略问题本质。

以我个人的经历来说，我所在单位的领导曾经也鼓励过我们写工作日志，但他说那是他梳理工作的一种方法，只是推荐给我们，建议我们在思路混乱、工作无序的时候使用，并不强求大家去记录和提交，只是鼓励大家选几天写下来，结果只给自己看，目的是让大家看看自己的状态，也思考一下自己现在的状态是否良好，如果自己是管理者会不会雇佣现在的自己等。我们领导的做法和案例中的高管很相似，只是稍微转换了一下方式，但我们都很佩服他，偶尔自己还主动参考和使用这种方法。

作为一名普通员工，对于公司的一些不合理的规章制度，我建议可以从以下几个方面来尝试解决：第一，在没有真正经历和执行规章制度的时候不要针对其提出"不合理"的反馈；第二，了解领导实施本项规章制度的真实目的；第三，如果真的有问题，不要只否定领导或相关部门，而是收集证据、提出解决问题更好的建议和方案（在原来基础上更完善、更科学有效的方案或其他有效的新方案），让领导做选择题而不是做问答题；第四，可以委婉的提出问题或尝试通过其他相关部门（如办公室、人力资源部、工会等）去反映问题，效果应该比个人直接提出要好一些。

## 总结评述

这个案例的核心问题在于"日志"这种方式究竟有没有价值和存在的必要，对此大家的观点并不统一，给出的建议也是见仁见智。我想主要原因在于"日志"的目的和呈现方式在很大程度上影响着大家的感受，而且这种方式大多与个体的工作习惯有关，在公司中加以制度化推行确实不多见。案例中提到，公司高管要求大家记日志的目的是提高工作效率，但我想可能还有一点是这位高管没有明说，因此员工们不够了解，就是"记日志"很可能曾经在这位高管的职业发展过程中发挥了非常重要的积极作用，所以希望推而广之，让更多的人受益；至于大家普遍感到不满，很可能是在记录的方法和形式上还需要改进吧。

单就"记日志"（或者类似地写工作日记等）这个事情本身而言，其实还是很有意义的。绝大多数人在工作的时候都会对制订计划、提交进度报告和总结等感到厌烦，一方面写起来确实费时间；另一方面会产生一种"被监视"的感觉，总之是不爽。其实如果能够排除这些杂念和不良情绪，连续地认真写几个月之后再回头看看，就会发现自己的成长进步以及重复发生的问题，我们不妨称之为"且行且总结"，有则改之无则加勉。如果能够看到自己一直在前进，往往能激发出自己"做得更好"的斗志。

曾经听一位资深的人力资源主管讲，很多岗位的面试中（特别是社招的中低级职位），前来应聘的人看起来都差不多，所以对于大部分的面试者，面试官的感受都是类似的——"如果实在没人的话，这个也能凑合用，不过我还是看看有没有更好的吧"；于是最后的程序就变成了，如果急用人就挑一个学历、经验差不多的，当然颜值高、会表达等也都可能是加分项。在这样的背景下，一个人要想在应聘环节脱颖而出就必须能用良好的方式展现出自己的优势所在，而充分合理的展示恰恰来自精心的设计，如何才能明晰自己的优势与能力所在呢？——"吾日三省吾身"，工作日志不就是见证自我成长的一个最佳工具吗？

# 3. 工作中的沟通协调

在日常工作中，沟通协调可以说是占比相当高的一项工作内容，几乎贯穿于每一项涉及交互与合作的工作中。沟通协调是管理理论与实践中颇为重要的一个专业领域，就个体层面而言，沟通协调能力则是决定一个人职级进阶甚至职业发展高度的关键要素。

从我们自身的经历及接触到的一系列案例中不难看出，很多事情处理得不够妥善或者产生了若干不必要的麻烦，都是源自沟通协调环节的某些不足。这些不足有些是因为沟通的时机不对，有些是由于方法不得当，还有些则源自对"沟通"本身的误解。结合本单元中的几个案例，我们先来谈几个共性问题吧。

第一，"及时沟通"是提高工作效率、避免无谓消耗的重要途径，也就是说，事前沟通要比马上执行更重要。我们时常经历或听说这样的"遭遇"，辛辛苦苦完成的方案或者报告，一分钟就被领导打回来了——因为不符合要求，或者与领导的预期不符，于是心中不免委屈和苦闷："我已经很努力了，而且我确实是按照要求去做的啊，为什么就得不到认可呢？"这种情况在研发、文案、咨询等岗位上尤为常见。对于制造业的基层生产人员来说，通常只要严格依照操作规程和上级的安排指示来做就不会有什么问题；但对于"知识型"工作者及其领导而言，再详细和明晰的"工作说明"都很难避免这种双向痛苦（是的，承担工作的人感到委屈，领导同样会感到沮丧）。根本原因在于，知识型工作的评价很难有一个客观标准，有些工作的效益是间接体现的，还有些工作的结果需要经过一段较长的时间才能显现；而在评价的时候，几乎没有人能完全不带感情色彩。这个问题无法完全避免，但是可以通过"事先讨论"，在一定程度上缓解问题。因此，一个相对可行的办法就是"请示在先"或者"把讨论放在行动之前"，在将最终方案确定和提交之前，先把涉及的所有事项、限制条件和影响因素都摆在桌面上和所有相关成员谈好，然后整出一个大家基本认可的方向和框架，在得到直管领导的确认之后，再进一步开始行动。尤其当一项任务涉及多个部门和成员时，这种全面的提前沟通更加重要。一旦某些环节出现争议，必然是领导和下属都累。

第二，沟通的方式是非常重要的。我们在展示自己工作成果的时候先要意识到一点：工作不是做给自己看的，而是做给使用工作成果的人看的。这意味着在阐述自己的立场观点或者论证成果价值的时候，需要站在对方的角度而不是自己的角度。很多人在介绍工作或阐述自己的方案时喜欢用"我觉得""我认为"这样的表述方式，表面看似乎只是个口头语、一种表达习惯而已，实际上带给听者的感觉是不大美妙的，能避免的话尽可能避免。因为"我认为"的背后无论有多少理论和实践的支撑、无论在你看来是多么的正当合理，他人也无法按照你的意志和引导去做彻底的改变（特别是当他人同样有着自己的坚持的时候）。要知道，即使你坚持的东西是非常正确的，但是如果你不能理解对方为什么有其目前的想法，以及这样的想法有何局限，而只是一味地强调自己的观点，无法以一种大家比较能够接受的方式来呈现，那么你的观点或方案无论多好、多么有创意，都不会产生价值。有主见、坚持自己的意志固然值得尊重，但尊重永远是相互的，以傲视的方式无法产生有效沟通，最终收获的往往还是抵触。好的沟通既能带来别人的转变，又能保持自身的弹性，让自己的思路开放的同时亦能容纳别人的观点。

第三，直接表达往往能产生最好的沟通效果。这一点可能很多人都不是很认同。无论在工作交流还是人际交往中，人们往往有很多顾虑，比如太直接了会不会让对方下不来台、迂回婉转一些是不是显得更体贴周到……事实上，这种方式在工作场合带来的结果往往是低效率。因为沟通是具有明确目的性的交流，沟通的实质不在说话多少，而在于说话的价值，能否达到预期的效果。现实中不乏这样的情景，两个人交流了很久，相谈甚欢，但是最后并未达成什么决议性的结果；所以我们说这是闲聊而不是沟通，二者最大的区别在于，闲聊可以没有目的，即使两个人都自说自话也能聊上很久，但沟通就不行了，沟通是有明确的目的指向的。迂回表达最大的弊端就在于，把沟通变成了聊天，其效果可想而知。

直接表达的另一个重要应用场合就是"拒绝"。对很多人来说，拒绝别人都不是一件容易的事情，俗称"不会说不"，由此给自己带来深深的困扰；有些人自以为在拒绝，实际上并没有让对方会意，因而在错误的方向上越走越远。常见的"婉拒"方式包括：拖延——先应承下来，然后拖着，指望时间一久对方就会自己解决或者去找别人帮忙，结果是最后让对方更加生气；承诺"下次一定帮忙"——为了弥补拒绝带来的愧疚感，用这种客套话先应付一下，但问题是对方当真了怎么办？下一次再来找你帮忙，是帮还是不帮呢？找借口——为了避免直接拒绝而编造一些不高明的理由，但接下来往往要为圆一个谎而找更多理由去填补漏洞，搞得自己身心俱疲。要知道，心怀善意的人才愿意去听话中的弦外之音，而缺乏善意和敏感的人自有"装傻"的办法，即使你答应了他，也不会换来感激。从这个角度讲，对于自己不想去做的事，只要有足够的真诚和礼貌，直接说"抱歉，这个忙我帮不了"或许是最好的办法。当然，遇到领导布置任务时，不敢拒绝是很正常的，但是如果在心存疑虑的情况下却一口答应下来，反而更容易出问题。这时一定要及时沟通——该谈条件就谈条件，包括完成任务需要的人力、物力、时间及资金等方面的支持，这其实也体现了对工作认真负责的态度，而不是推脱责任或者给领导添麻烦。

除此之外，还有一些困惑看似是沟通层面的问题，其实背后是某些认知上的误区。有人在单位中无论说话办事总是"放不开"，生怕哪句话没说好就得罪了同事和领导，或者担心自己的表现不够得体而让人嘲笑。其实对于"别人会怎么看我"这类事情完全没有必要"过度脑补"，在现实中无论做什么都可能会得罪人，甚至什么都不做都可能会"躺枪"，职场中的人际关系主要还是协作关系和竞争关系，最理想的状态就是不卑不亢，一方面理解他人的工作，对他人的付出和努力保持一份敬意；另一方面对不合格的工作品质也要保持坚定的反对，能够坚守这个底线，在沟通过程中就能自然、从容很多。再有就是，有些人很在意工作单位的"软环境"，即文化氛围，期望大家能彼此理解、相处融洽、默契协作、"一沟即通"，这种想法完全可以理解。谁都希望在一个舒适愉快的环境中工作，但千万别把这些当作是必要的或理所应当的，否则会对沟通过程和结果产生不切实际的过高预期，反而让事情更加困难。

强大的沟通协调能力是建立良好人际关系的基础，人际关系方面很成功的人一定不是纯天然的（当然我们承认，情商在一定程度上确实取决于禀赋），而是在不断用心关注他人感受和各种行为细节的基础上培养出来的，凡事做得妥帖绝非易事。现实中常有人喜欢这样说，"我这个人没什么心机，做什么都是直来直去"，试图以此来解释和淡化自己的不当言行，而一旦别人也真的跟他"直来直去"，他就会觉得受到了莫大的伤害。这种只考虑自己感受而不在意别人感受的人，准确地说不是直爽而是自私。从这个意义上讲，沟通协调能力不仅仅是技巧层面的东西，还关乎一个人的素质和修养，值得我们重视和用心修炼。

## 案例 3-1　固执又多变的领导

在确定项目方案的过程中，小王的领导经常表现得很固执，坚持自己的意见、听不进别人的想法，然而又不"坚持到底"，在方案之间变来变去，经常导致大家"白忙活"。该如何与这种特点的领导有效沟通呢？

## 故事

小王的领导是一个比较情绪化的人。前段时间部门接了一个项目，小王和同事提了一个 A 方案给领导，但领导非要坚持自己的 B 方案，小王和同事也给领导详细分析了两个方案的利弊，很明显 A 方案是比较好的，但领导还是坚持自己的 B 方案，无奈之下小王只能听从领导的意见，开始做 B 方案。然而，当工作接近尾声时，领导突然觉得之前的 A 方案比较可行，所以又决定改为 A 方案，结果小王和同事几乎白忙了一周的时间，这种情况已经发生过好几次了。

## 问题

小王应该如何和这样的领导进行有效的沟通，避免领导的情绪化决策？

## 见解

### 观点一

对于这个案例我有以下几点感悟：

（1）不清楚小王在工作中与领导接触有多久，既然已经发生好几次类似事件了，就应该知道领导在选择方案的时候会有纠结、犹豫和变来变去的特点。

（2）领导（其实普通人也一样）都会有点爱面子的，因此会坚持自己的意见和想法，这时最好不要正面冲突，你越是强调自己这边的合理性，领导就越"没面子"。建议委婉使用一些策略，让领导既保留了面子、最后又放弃了自己坚持的方案。

（3）案例中并没有说明，在项目后期及结束之际，是否有证据表明真的是 A 方案更好？还是说其他因素决定了最终的项目成败？毕竟很多领导也都是做项目方案上来的，能力还是有的，应该不会故意耽搁项目进度、让下属白费力气。

至于和领导的沟通，要因人而异，要直面矛盾点在哪里。任何事情在一开始都不应该坚决否定，尤其是面对领导的方案；可以做出分析让领导自己抉择，让他在舒服的环境中决定哪套方案更好，而不是逼着领导承认自己的方案不好，那样的话搁谁身上都不爽的，要是我也会坚持己见。

**观点二**

我觉得案例中的小王问题更大一些。

首先，小王的领导未必是因为情绪化而选择的 B 方案，后来改成 A 方案也有可能是因为客观因素的改变，未必是因为情绪化。因此，小王应该端正心态。作为员工，要做的就是提出多种方案让领导选择，方案在项目的进程中出现反复和变化也是很正常的。

其次，小王在心里应该有这样的预期，即项目方案本来就是会反复讨论和试行的，不能简单地认为自己觉得好的就真是好的。小王和同事可以从技术上对 A 方案和 B 方案进行比较详细的可行性论证，以理服人，而不是看起来或者很明显是哪个方案更优。

最后，如果想让领导多听从自己的建议，就应该多陈述自己中意方案的理由，站在领导的角度，对方案进行态势分析（SWOT）等，努力去说服领导；当然最重要的还是自己要有一个平稳的心态，员工的核心职责就是执行，可以建议但是无论如何决定权都在领导，所以还是要摆正位置，淡然处之。换个角度看，哪怕方案出现反复变更，对于自身来说相当于深度参与了两个方案，对自己的能力也是一种提升，并非绝对的坏事。

**观点三**

我觉得小王和同事可以在给领导提方案的时候就多准备几个备选，那样在备选方案里面很可能就有领导想要的方案了。如果领导的确是很情绪化的人，那么多给领导几个备选选项，在领导看来会觉得下属对他比较尊重，这时就会比较容易接受小王和同事的建议，同时领导也不会觉得不坚持自己的想法就是没有面子了。

退一步讲，如果实在无法说服领导，那么在与领导意见相左时就只能听从领导的意思行事了。不过在做 B 方案的时候可以及时给领导反馈进度、工作中的问题以及预期对后续进程的影响，让领导早一点儿意识到 A 方案更好，少做一些无用功。

**观点四**

这个案例涉及领导决策朝令夕改的问题，在平时工作中我也遇到很多类似的情况，领导一会儿说这样，一会儿又说那样，我通常会采取一些比较"硬"的但是可以"保护自我"的做法，就是在和领导确认执行方式的时候采用邮件或微信文字等形式，作为佐证，如果领导太随意地更改决定会导致工作出现很大问题时，我会委婉地提醒领导可能会产生的后果并声明严重性，但同时也会表明自己的态度，就是我可以按照您的指示去执行，但是会产生如下后果，可能会影响到公司业务或者部门利益等，说明后看看领导做何反应，然后待领导决定后再去执行。

**观点五**

如果小王和同事给出的 A 方案事实上确实优于 B 方案，而不是小王自认为的优于 B 方案的话，那就是小王的领导对业务工作不是足够熟悉；进一步的，如果其领导像案例描述中所说"这种情况已经发生了好几次"的话，那说明这领导的业务能力也实在一般。面对这种不太专业、领导能力不够突出、又固执己见、还想一出是一出的领导，只通过沟通似乎很难顺利解决问题。因为这不是简单的工作能力问题，还有领导个人的性格和做事风格问题，或许还由于领导的教育背景及相应的思维模式等都与小王不同，所以想要改变领导的情绪化决策可能并没有那么简单。

对于案例中的情况主要有以下几个见解：

第一，提供方案时，分别提出具备可行性的 A、B、C 等几种不同的方案，将利弊分析清楚，同时上报领导，并指出小王认为的最优方案。如果领导个人支持的方案恰好也被包含在备选方案中的话，那么该领导在考虑自己认可的那个方案时将有所比照。

第二，如果小王认为自己已经竭尽全力与领导进行了沟通，但依旧避免不了领导的情绪化决策的话，也有可能是因为双方的站位不同和着重点不同所导致的，所以这也不是沟通不够造成的。为了避免领导的反复，导致个人总是要返工，小王应吸取经验教训，工作进度不用太快，可适当控制节奏。因为经过长期接触，小王对领导肯定有一定了解，如果小王又对自己提供的方案十分有把握的话，应该能够预测到领导可能会反悔，所以，为了避免来回折腾，可在状况允许的情况下放慢工作节奏，给领导预留出反悔的时间。

第三，可以尝试通过与该领导交好的或有工作联系的其他领导或同事从侧面进行"诱导"，让这些人间接去影响该领导的决定。再有就是，是否有可能在某个非正式的但是适当的场合，越过该领导而直接向更上一级的领导展示一下小王更加支持的方案，这样如果大领导认可了，那么该领导就不得不按照小王的方案去执行项目了，特别是在更上级的大领导是新调到本部门的领导的情况下，这一招儿应该会更好使。

### 观点六

为了方便提出建议，我默认小王的判断都属实，基于这样的前提，可以说这位情绪化的领导是非常的固执己见，而且要面子。建议小王选择领导心情比较好的时候提出自己的想法，但一定不要直接反驳，而是尽量委婉的表达自己的不同意见，假如正好赶上对方心情爽朗，也许能够成功。但是，如果委婉的方式还是不能说服领导，那就只能将错就错，作为下属和执行者，领导决定了的事情必须先去落实，这是规矩，但是也别太快行动、太劳心费力，以免领导改了主意还要再折腾。对于领导坚持做出的决定，就不要再和领导争执了；可在执行前汇报计划、实际执行中汇报进度，发现了问题及时请教，力争将方案做到最好。

此外，针对"情绪化"的领导再说几句。面对情绪化的领导，首先应该把握的就是领导的情绪，向领导汇报工作或者提出建议，一定避开领导情绪过于好或者过于坏的场合。情绪过于好的情况下，领导容易做出一些事后不愿意承认的决策，情绪过于坏的情况下又容易受到批评和打击。所以尽量选择领导情绪稳定的时候，做好充分的准备，向领导分析方案的利弊，晓之以理、动之以情。

**观点七**

对于案例的情境，我想多劝小王几句。

第一，充分尊重领导，不要抱怨，更不要表现出轻视。每一个领导都不会对一个不尊重他的手下感兴趣。

第二，学会换位思考，仔细思考一下领导为什么会出现这样的"情绪化"决策。结合领导的脾气、性格、爱好等各方面去分析一下，领导为什么会坚持选 B 方案。（1）B 方案是领导自己想出来的，领导不能直接否定自己。如果是这种情况，给领导分析利弊提意见的时候就要充分考虑领导的感受，在维护领导面子的前提下去分析两种方案的利弊，给领导充足的时间去思考。（2）可能是小王和同事的表述不够清晰，或者语气态度等让领导感到不舒服，那么就注意一下自己的说话方式，尽量迎合领导，先肯定 B 方案，然后再分析利弊。（3）如果时间和精力允许的话，尝试两个方案同步进行，以便对实施效果加以比对。

第三，不要在领导面前表现得太出色。手下人比领导还厉害，领导难免会担心自己的地位。但是作为下属必须把分内的工作做好，不能让领导抓住把柄。真有本事的话，找机会在大领导面前表现，同样有出头之日。

最后说句公道话，可以当你老板的人，极大概率还是有值得学习和尊重的地方的，多看看他的长处吧；同时多把心思放在工作上而不是抱怨老板上，做好自己的工作、提升自己才是王道。

**观点八**

人与人之间最常用的沟通方法是交谈。如果我是小王，针对领导给出的意见，我首先肯定是要尊重并坚决去执行的，因为这是工作态度问题。当然，在我们的工作当中，由于各类项目的事情比较烦琐，大家日常的工作状态都是比较紧张的，如果决策者是一个比较情绪化的人，对于方案的决策摇摆不定，那么就会导致员工的工作量增加以及工作效率降低，所以与领导的沟通有时还是必要的。就案例中的情况，提供一个"对话脚本"如下。

小王对同事说："你们有没有觉得，咱这个领导的领导力挺强的，就是专业能力差一点儿，不过还好，至少比别的组的××领导强，看××领导做的都是什么事儿啊。咱们这里还行，领导至少最后还是能明白 A 方案不错。"

小王对领导说："领导，我觉得最近几个项目都反复在启动前期出现了变动的情况，想找您沟通一下。首先，我要自我检讨，确实是我们这边在汇总资料和优劣势对比方面做得不到位，让您没能一次看明白几种方案的优点和不足，以至于影响了您的决策。其次，您平时也是太忙，如果您对于方案有任何要求和指示，可以随时找我，我一定认真听取您的意见，给出一个可行的方案，然后详细列出优缺点，以及咱们为什么要这么做。这样会方便您更好地进行决策。最后，非常感谢您对于我们这么多项目的支持和理解，有事您随时找我，在您的带领下，我们的工作一定会越做越好！"

**观点九**

在和这样的领导进行沟通时，我们一定要注意方法和技巧。

首先，要明确认识到领导的身份和特点，提前站在领导的角度进行思考，作为领导想要得到什么样的结果，他又是如何去做决策的。

其次，在和领导进行沟通时，要明确沟通的目标，说明每个方案的属性、作用及最后的成本收益，让领导能够迅速了解方案特点；这就要求沟通的时候紧密围绕目标，对方案进行阐释并清晰对比出方案之间的利弊，使领导能够较为容易地选择出更为有利的方案，这样的沟通才是高效的沟通。

最后，为了达到更好的沟通效果，也需要讲究说话的方式，不要轻易表现出对具体某个人或某个事件的赞许或反感，这样容易让领导认为那只是你个人的情绪化表达，也更容易导致领导的情绪化决策，适得其反。

尽管小王和领导之间已经好几次出现并不十分有效的沟通，但是这也算是在工作中必然会出现的相互磨合吧。作为员工，小王要保持理性，避免自己也变得情绪化，站在公司整体利益的角度，从大局出发，真诚地表达自己的想法和建议，才会越来越得到领导的信任。

## 总结评述

案例所述的情形确实有些让人恼火，毕竟没有谁会眼睁睁看着自己的辛苦努力付之东流而毫不心痛，但现实工作中这种情况又是极为常见的；而某些领导的"反复无常"也好，"自以为是"也罢，也都是工作中再正常不过的表现了。只不过对于工作年限相对较少的年轻人而言，经历不够多，或者理想化情绪比较浓重，往往觉得这是个挺大的事儿。另外，案例是站在小王的立场表述的，没有给领导发言机会。如果领导有机会说话，说不定也是一肚子苦水。如何应对这个事情呢？各个观点中不乏很好的建议，有些还颇具操作性，这里从心理和行动两个方面做个概括。

当下是一个浮躁的时代，无论机构还是个人都渴望快速获得巨大的成功，于是大家越来越不能接受那些"无谓的付出"。网络上一度流行的"求锦鲤"就很能反映这种心态，考试必过、投简历必中、谈业务必成……而且能"擦边过""压线过"最好，因为"成本效益最大化"，一点投入都不浪费。案例中的小王其实也是有着类似期待的——我已经努力做好项目方案了，而且自认为也挺专业的，领导最好能够认可然后一次通过，但现实却是反反复复、兜兜转转，最后还是终点又回到起点。小王之所以感到沮丧，是因为中间的过程"白费了"。事实上，这个过程并非是在原地打转，从三维的视角去看，这是一个螺旋式上升的过程，很多经验的积累、技能的提升，都是在这样看似"反复"的经历中形成的，只是我们短期内不容易体会到。意识到这一点，再遇到类似情形时心态上或许能淡定很多。

另外，我们退一步看，或许某些领导真的在专业方面有些"落后"，但偏偏又比较自大而固执，在自己已经非常努力且有把握的情况下，如何尽可能减少"无谓周折"呢？在中间环节加强请示和汇报应该能起到一些作用。很多年轻人对"认真工作"的理解就是根据领导的要求把事情尽可能做好，于是接到指令之后就开始闷头做自己的事情，然后做出自己能"拿出手"的最好的方案才交活儿。这种工作方式其实是有点问题的，因为这是一种比较封闭的工作态度，其中"做好"的标准基本是自己的一个衡量和评判，很可能在最初的一些关键节点上就与领导的观点存在分歧了，如果能够及早与领导沟通和讨论，或许能够避免后期的一些周折和反复。设置节点、及时汇报沟通的另一个好处在于，有可能碰撞出新的观点和想法，从而得到更优的方案。

现实中不乏一些执着的年轻人，喜欢和老板"较劲"，坚信按照老板的思路肯定不成，所以总想把老板给说服。如果坚持选择对着老板阐述自己的观点，那么就充分地列数据、摆事实，让老板自己逐渐修正看法，而不要指望一两次沟通就能让一个人彻底扭转观念。"我认为"这种说法在据理力争的时候肯定是不够的。好的沟通既能带来对方的转变，也能保持自己的弹性，让自己思路开放同时容纳他人的观点。

## 案例 3 - 2　如何避免好心办坏事

小兰在小丽精心设计的数据报表中发现了一点问题，纠结于要不要提醒小丽。如果不指出来，会对公司的业务有一定影响；如果指出来，又担心小丽会心生不快，影响到今后两人在工作中的配合。数据报表是小兰职责范围之外的事情，对于报表中的问题小兰如何处理比较妥当呢？

## 故事

小丽是一个工作非常认真负责的人，其中一项工作是每月提供一份报表。她为此花费了很多精力，也确实做得不错。或许是太过看重自己的付出，一旦有人对这个报表的数据提出一点建议（完全没有要批评指责她的意思），小丽就怒不可遏，认为这是别人对她的能力的质疑。

最近，小兰发现了报表数据中的一点问题，但纠结于是否提醒小丽。一方面，小兰可以不说，因为从工作职责的划分角度讲，这个报表的对与错都不涉及小兰的责任，但是对公司的业务是很有影响的，因此小兰又觉得有告知和提醒的义务；另一方面，因为小兰和小丽在工作中时常需要配合，小兰不想让小丽对其产生敌意。

小兰后来了解到，小丽付出了几年超乎常人的努力，才让公司认可了她的能力。几年前大家对她的能力有所怀疑，曾经让小丽深感自卑；如今终于得到了认可，这种自卑于是转化成了自信爆棚。

## 问题

小兰该如何处理与小丽的关系？对于报表中的数据问题，又该如何与小丽沟通？

## 见解

### 观点一

我认为，本着对工作负责的原则，对明确的错误加以提示是非常必要且重要的，所以，小兰是需要告知小丽数据报表中的问题的。但是基于未来团队的合作和关系的处理，小兰可以选择私下告知小丽，并且将错误的改进方式也一并提出来。在沟通的过程中，小兰务必要给小丽足够的尊重和支持，并且一定要私下沟通，不要让小丽产生被大家质疑和"丢丑"的错觉。比如找一个没别人、只有小兰和小丽的时候，关门将数据问题告知小丽；之前可以买点吃的或者先与小丽聊一些她感兴趣的话题，再慢慢引到数据问题上；在告知小丽数据问题之后，可以多说几句，诸如"这方面我也不太懂，不知道说的对不对，也跟你请教下，这方面你比较专业""你工作比较多，有一两个疏忽也是正常的，不要多想啊"，等等，总之一定要站在关心朋友的角度来提醒小丽，打情感牌，切忌高高在上。

### 观点二

我认为，小兰所纠结的同事关系与她面临的问题其实没有必然的联系，保持良好的同事关系和提醒重要问题这二者之间并不冲突。案例中对于小丽的性格分析和后来了解到的一些情况，很可能是小兰自己的主观判断，其实不用刻意解读。对于处理方法，我觉得一是要在心里明确，自己指出报表中的问题是为了避免公司的损失，所以是合理且"正义"的；二是注意结合小丽的性格特点使用合适的方式与之沟通，注意保密即私下沟通最好，还要先肯定小丽的能力和水平；三是以学习和请教的态度与小丽交流，说自己发现了一些对报表难以理解的地方，让小丽指导自己，然后在这个过程中最好能自己发现问题。

### 观点三

首先，小兰应该理解小丽的心情，设身处地想一想，如果是自己辛辛苦苦做出来的报表，恐怕也不希望别人指指点点吧；其次，由于小兰确实发现小丽的报表中存在错误，小兰可以找个合适的机会与小丽私下面对面沟通，比如利用中午吃饭或是下午茶的时间，在轻松的氛围中聊起这个问题，向小丽表明自己的态度，并不是故意为难小丽，自己也明白小丽为了做这份报表付出了很多努力，但其中确实是存在一些小问题，希望小丽也能够理解，同时也向小丽表明两人是很好的合作伙伴关系，今后的工作可以互帮互助，共同高效率、高质量地完成任务。通过真诚而委婉的沟通，我觉得小丽应该还是能够接受的吧。

**观点四**

从案例描述中可以推断，小丽是个非常认真且自信的人，难以接受别人对她工作的意见，但小兰发现其报表中的一处错误，主动提出担心小丽有敌意，不提出又害怕公司蒙受损失。对于这种情况，我认为可以从以下几方面解决。

首先，工作应该是放在首位的，公司的利益为先，因为这涉及全体人员的公共利益。所以抱着"对事不对人"和为全局考虑的态度，应当向小丽指出报表中的问题。

其次，在提出的过程中应当注意方式。小兰可以用请教的态度，假装对数据不明白，向小丽求指点，然后找机会说出自己的想法。沟通的时候注意"欲抑先扬"，比如看了她的报表，觉得小丽的工作非常细致，各方面都很完整清晰，但是有一处不太明白，想向她请教。如果小丽在解释的过程中能自己发现错误最好，如果不能发现，可以主动引导且不留痕迹，委婉地指出其中的错误。这种借学习和探讨的方式来指出问题更能让对方接受，在很大程度上可以缓和对方的抗拒心理。

推广一点讲，与难以接受别人意见的人沟通，可以采取"三明治"式的沟通技巧，即"肯定—质疑—肯定"三步走方略，将意见夹在肯定的中间位置。先肯定对方工作，表示赞扬，拉近距离；再提出意见，让对方感觉问题和不足只是整体中的很小一部分；最后再总体肯定一下对方的工作，避免误会和隔阂。这样更有利于提意见时的沟通。

最后，小兰在平时与小丽的相处过程中应该采取"感情上多融合，工作上保持距离"的原则。日常与小丽多沟通感情可以拉近距离，这样在工作中会有助于合作，提出意见和质疑时也可以缓解紧张气氛；在工作中保持距离，也就是让工作与私人感情分开，以工作和单位的整体利益为重，在诸多场合都表现出重视工作的基本立场，这样提出意见时对方会认为你是"对事不对人"，就不容易产生抵触和敌意。

## 总结评述

有句话叫作"态度决定行动"。小兰要不要指出小丽的报表中的错误，取决于小兰如何看待这个事情以及对工作的态度。从大家提供的各种观点来看，意见还是比较一致的，就是要"就事论事"，把"公事"与"私情"分开。

正常人都有人际交往的需要，都希望在工作中有一个相对良好的同僚关系，因此难免对同事或领导产生感情上的羁绊。但是在工作环境中，最好还是能明确这一点——我们是通过工作来谋生并获得成长的，而不是来社交的。有人比较看重朋友情谊，但"朋友"通常意味着密切和深度的了解与交往，并非时不时地一起聊个天、吃个饭、逛个街就能成为朋友，因此，在职场中"交朋友"其实是挺困难的一件事情。看透了这一点，在处理一些可能涉及人际关系的工作问题时就能坦然很多；也就是说，只要内心坦荡，出于公心、就事论事，就不必有太多顾虑。这一视角的另一个好处就是有助于保持工作的专注力，不会将注意力和能量耗散在一些无谓事件上。一个同事对自己礼貌还是尖刻，领导对自己说话语气温和还是严厉，就都不会直接影响到情绪和判断了。

当然，出于公心指出错误，这只是一个决定，在具体的行动层面还是很有一些技巧的。不必太过在意人际关系不等于在这方面毫不用心，尊重他人感受、不让人难堪是起码的原则，也是同事间相互合作的必要基础。各个观点中所提供的具体做法值得借鉴！

其实这个案例还可以稍微延展一点，即工作中如何处理好人际关系，很多人都面临类似的问题，比如该怎样把握与同事间的亲近程度、怎样在表达个人意见与服从领导之间找到平衡、如何顶着压力去协调资深员工与新员工之间的关系……简单概括一下，核心的两个要点就是"公心" + "尊重",不必太把私人感受放在工作中间（何况很多时候真的是自己"想多了"），这样就不会让情绪妨碍你对问题的判断和处理。

# 案例 3-3　谋求上进的路径

A 和 B 是同乡和同一个科室的同事，私交不错；但是在工作方面，B 较为主动且经常承担比较重要和容易出彩的任务，相应地，繁重琐碎的工作就基本由 A 来做了。A 主动找过领导，试图改变目前的任务配置格局，但是效果不大。A 不想与同事 B 明着争，但也不想就这样"碌碌无为"下去，怎样做比较好呢？

## 故事

A 和 B 是同一个科室的同事，A 比 B 晚几年进入此科室。A 和 B 是同乡，平时私人关系不错，性格也合得来。B 仕途心很强，很喜欢干活儿，经常在领导面前主动承担工作，比如某件事情领导还没分工或者还没开展，B 就通过灵通的渠道事先得到单位可能要承担这项工作的消息，主动把工作先做了起来，于是领导自然就把工作交给 B 承担了。慢慢地，受领导重视的、容易出彩的工作都在 B 手中，A 手里只剩下不易开展的、繁重琐碎且不易出彩的工作。A 虽然和领导谈过几次想主动多承担些工作，但是效果不大，分工依然没有改变。一方面，A 也想参与到领导更重视、更容易出彩的工作中去，从而进一步提升个人的价值和能力；另一方面，A 并不想和 B 在领导面前明着抢工作，而影响同事关系。

## 问题

A 该如何在不影响和 B 关系的前提下，能让领导分配给自己更重要、更出彩的工作？如果只能维持现状，A 该如何做才能有更好的发展？如果 A 接受了现状并不试图再做改变，是否就代表没有上进心？

## 见解

### 观点一

对于 A 的问题，我有以下四点想法。

第一，A 应该向 B 学习，B 之所以能够主动把某项工作做起来，是因为 B 首先是个有心人，另外也有灵通的渠道获得消息，那么 A 也可以努力去探听或者自己拓展出这些消息渠道，进而提前做好准备。

第二，A 认为 B 承担的都是受领导重视的、出彩的工作，自己承担的则是繁重琐碎且不易出彩的工作，真是这样的话，A 应该主动去给 B 帮忙，甚至可以"偷师"，学习这些受领导重视的、出彩的工作的处理方法，既能以帮忙的名义获得 B 的好感，又可以提高自身能力，一旦 B 出现紧急情况不在，A 可以毛遂自荐，以曾经与 B 有过共同处理某类事件的理由将任务揽到自己身上，从而让领导也发现自己的能力和出彩之处。

第三，在 A 看来，自己所处理的都是"琐碎的"事情，但对于单位来讲未必就不重要，A 只有平时把这些琐碎的工作做好，做到极致，使得一旦 A 不在场，别人接手工作都做得不如 A 好，那么也就证明了自己的"不一般"，相信领导也会因此发现 A 的能力的。

第四，我并不认为 A 如果接受现状就是没有上进心，只是 A 自己将"有没有上进心"和"能不能做出彩的工作"进行了强行挂钩，这其实是没有道理的，二者没有必然联系。照 A 的理解，那些做着平凡的事务性工作的人难道都在混日子吗？再有，大家都去做"大事"和"出彩的事"，"小事"和"杂事"怎么办呢？总要有人做吧？很多做大事、能力强的人也都是从日常琐碎工作中历练出来的。

### 观点二

个人感觉，一方面，在体制内排资论辈的情况还是比较普遍的，B

之所以有灵活的渠道也是因为比 A 早进入单位，与领导之间有默契，与同事、合作伙伴之间的人际关系网也大抵会比 A 成熟；另一方面，领导也有用人的习惯，在 A 来单位之前，领导与 B 之间也磨合了几年时间了，因此相对于 A，B 更了解领导的工作节奏和习惯，领导用 B 应该也更顺手。

处于这样一个尴尬的境地，A 如果打算在这个单位得到领导的重视并谋求个人发展，一方面需要在完成领导安排的任务以及与 B 合作的过程中，及时了解科室的工作节奏、培养与领导和同事之间的默契；另一方面需要着眼于现在负责的工作内容，如果那些不易开展的工作经过 A 的协调安排有了推进的空间、繁重琐碎且不易出彩的工作经过 A 的日常梳理和结构化变得易于处理、节约了成本和时间，那么经过一段时间的累积，领导一定会看到这些不易出彩、不易开展的工作在 A 的努力下有了好的处理方式，进而看到 A 的能力。

对于 A 在案例中指出的，B 所负责的工作都是受领导重视的、容易出彩的，也有可能是 A 自己的主观感觉和判断，客观来看未必真是如此。不管怎样，要想得到领导的重视和认可，不能只看短时间内的工作安排和结果，先提升自己的能力更为重要。

**观点三**

对于 A 在开展工作方面提出以下几个建议：

第一，作为体制内的科室的工作人员，要熟悉职场规则，找准职场定位，理清职场关系，与领导多沟通多交流，让领导了解自己的能力与特长，才能在今后的工作中多给予一些适合自己发挥长处的机会。

第二，A 应该多反思自己工作方法上的不足，一方面在工作态度上更积极一点，多向 B 学习；另一方面也应让领导看到自己在工作上的付出，可以多向领导汇报自己的工作进展，在争取某项自认为能够胜任的工作任务的时候，要给出充分的依据和理由，让领导信服。

第三，A 要认真处理好当前负责的工作，这不是不思进取，而是起码的工作态度；对于 B 也不应有偏见，要换位思考，可能现阶段的工作确实更适合 B，所以 A 不应该气馁，在现在的工作上兢兢业业、做出一定的成绩，也一定会得到认可和回报的。

### 观点四

首先，A 需要正确认识自己，知道自己做事的优势、发挥个人所长，如有感兴趣的地方，可以跟领导适当表态，争取一些自己认为比较重要和出彩的任务，但是一定不能"搞砸"，否则下次就更没有机会了。虽然 B 很喜欢干活，但是每个人做事的方式不同，B 有其独特的优点，也会有其不足的地方，如果 A 正好可以弥补 B 的短板，甚至做得更出彩，相信领导还是会看在眼里的。

其次，A 要摆正自己的心态，没有被分配到重要的任务也不要心急，踏实做好本职工作才是最重要的，即使是简单的基础性的工作也可以做的与众不同；如果暂时只能维持现状，那就接受现状，也不代表没有上进心，可以多用心琢磨自己现有的工作，想想怎样才能改进和创新，说不定就让领导注意到了自身的闪光点。

最后，A 在跟领导沟通时，一定不要诋毁他人，也不要争风头，如果领导觉得 B 更合适做某项工作，肯定有其理由，A 需要在沟通中说出自己的想法和工作设想，或许领导会尝试给予机会，目标是要把事情处理得更好。现实中，通常是谁更适合、更优秀，机会就会属于谁。

### 观点五

从案例的描述中我们看到，A 比 B 晚几年来到科室，客观上应该会存在资历、经验上的差距；同时 B 是一个事业心很强的人，很愿意承担工作，不管他是出于什么样的目的（至于"仕途心强"很可能是 A 自己的揣测）。另外，B 在工作上应该一直都是很敬业的，再加上资历摆在那里，领导自然更放心。对于 A 来说，有句话叫"用之则行、舍之则藏"，面对领导在工作上的分配要淡定、保持平常心，在完成好手上任务的前提下，把富余的时间用来充实提高自己。至于 B，人家愿意多做就多做，A 不要想着去跟他比较，踏实做好手头的工作，慢慢等机会吧。

至于哪些工作"容易出亮点"什么的，一是要明白领导看人看的是你对工作的态度；二是大家入职后都是从这个阶段过来的，都知道哪个工作好干哪个不好干；三是要学会适当表现，合理展示业绩，不要闷头干，可以时不时地直接或间接地诉诉苦，让大家知道你的付出。

## 总结评述

案例中的 A 正处于职业发展的"上升期"，但貌似也进入了一个"瓶颈期"，有些不进则有退的意味。A 自身也颇为纠结，一方面羡慕 B 的能力和成绩；另一方面自己又无法复制成功，渴望探求一条新的进取之路。A 的诉求看似简单，其实梳理一下要求还挺多的——想得到领导的重视、希望做一些重要和"出彩"的工作、最好不用自己特别主动去争取、在个人发展顺利的情况下还能和 B 维系良好的关系……说实话能完全实现这些目标真的相当困难，因为有些目标之间多少存在一些内在矛盾。比较实际的做法还是分清主次，明确自己最想要的究竟是什么。

其实现实中的很多问题，我们是知道解决方案的。比如这个案例，归纳一下其实是"如何让领导支持我的工作"的问题，方法只有一个：展示出自己把工作做好的能力，然后让领导知道你的能力，并且相信你是个得力的、能支持其工作的下属。这个道理恐怕大多数人都明白，但就是做不到，这才是问题的症结所在。做不到的原因很多，这里特别想说的有三点。一是很多人认为"有人能力一般就是会表现，但也能得到领导重用，这不公平"，当一个人与身边相近背景和状况的人相比较之后，发现自己虽然不是最好的但也还可以的时候，最容易产生这种不公平感。但从人的本能来讲，当大家做事能力差不多时，还是会倾向于信任自己熟悉或喜欢的人，所以此时更应该反思的是自己与领导的信任关系。二是有人工作能力比较强，也比较有自己的独立想法，但耻于和领导走得近，生怕别人说自己是靠搞关系才得到发展机会的，因此更希望"凭本事说话"；这种情形高发于专业技术人员，若非是真清高，那不妨好好体味一下"不卑不亢"的真义，挟专业特长以傲众人（特别是领导）其实是不大合适的。三是有人误把"支持领导"等同于拍马谄媚，二者有时候确实界限不那么清晰，关键要看效果，"拍马谄媚"到点子上可不是轻易能做到的，近乎天赋难以后天学习，想想身边是不是有些人，说话、办事就是特别周到，接待来访、安排会议、设计行程都能精细妥帖，让人身心舒畅呢？哪个领导有这样的下属会不舒服、不喜欢呢？说到底这是办实事的能力，可不是拍马屁的嘴上功夫。非常希望案例中 A 的困惑不是源自这三种情形，也希望大家在工作中都能避免这些无益的想法。

那么作为能力一般的普通人，有什么容易做到的、具体的行动指南吗？说来也简单，凡是领导交办的任务，一边听指示一边琢磨行动计划，能做到的果断接受，有困难的谨慎接受，在完成任务的过程中找准节点多请示、多汇报，记得带着自己的意见和方案去请领导决策，最忌讳的就是直接问领导："您说怎么办？"更理想的情况是，在工作中能够"有眼力见儿"，关键时刻急领导之所急，想领导之所想，不让领导费心就把领导想要的结果给搞定了；相信有这么几次表现，就很难不被领导赏识了。当然，做到这一点确实不容易，一方面要用心；另一方面不能太计较，比如自己比别人干多了、被同事在背后议论了之类的。如此坚持一段时间，分析和解决问题的能力是一定会提高的。

## 案例 3 - 4　左右为难的尴尬位置

小 C 入职后先就职于 A 部门，后调入 B 部门，工作中与两个部门的领导都相处不错。但是两个部门之间因业务管理关系而在工作中时有摩擦，偏偏两个部门的领导又是各方面条件都相"匹敌"的年轻的中层女干部，于是小 C 成了两个部门和两位领导之间的"传声筒"和"联络人",这种处境让小 C 甚为尴尬,左右为难。小 C 该如何与两位领导相处呢?

## 故事

小 C 入职后就职于 A 部门,与部门的领导(年轻中层干部)关系和睦,相处不错。后因工作关系,小 C 调至 B 部门,自认为与 B 部门领导(同为年轻中层干部)关系也不错。

由于 B 部门和 A 部门之间有某种业务管理关系,因此工作之间多有摩擦。同时,A、B 两个部门的领导因为在未来发展上存在竞争关系(两人同岁、同级别,工作能力、业绩评价相当,且两位都是女领导……)而有明争暗斗之势,工作中偶尔也会小题大做,相互拌蒜;出现部门间的工作摩擦时,两位领导不直接交流,而是将问题和想法交由小 C 转达,小 C 夹在她们中间左右为难。

## 问题

小 C 该如何跟两位领导相处呢?包括工作和私人两方面。

## 见解

### 观点一

坦率地说,我认为在一个单位里,女领导之间、女领导和下属之间的"关系好"都是暂时的。因为女人心思细腻、敏感多疑,看上去再好的关系,都有可能因为一件小事而改变。所以小 C 自认为和 A、B 部门的领导关系不错,真的只能是她自己以为而已。

未来必将产生竞争的 A、B 二人,为了相互之间不正面交锋,指派小 C 来传达信息,我认为是很正常的情况,毕竟谁都想避免尴尬。从职场规则来讲,因为部门领导是部门工作的负责人,那么小 C 既然是 B 部门的员工,工作上就应该听从 B 的安排。私底下如果 A 或者 B 向

C 说了对方的不是，C 也应该保持中立，并且不要传话、不要煽风点火，总之公事公办、就事论事就好了，避免把自己卷进纷扰中。

**观点二**

首先，小 C 要足够理性，做到"公私分明"，公是公、私是私，千万不要把工作上的矛盾或者感情带到私人交往中，当然也不能因私人感情而影响工作。

其次，对于工作上的事情，如果有明确的规定，肯定按明确的规章制度办事，该怎么办就怎么办，尽量给自己找"行动依据"；如果不小心"得罪"了哪一方，相信领导也会理解，毕竟规矩不是自己定的。但是如果摊上了某个事情，不得不"得罪"某一方的话，不妨把这件事请其他同事代劳，能不自己做就不自己做。如果事务处于模糊地带，那就圆滑处理，把某一方的意见都先自己背着，尽量不让两位领导之间产生矛盾。

最后，在生活中按照坦诚相待的原则，能帮忙就帮忙，热心主动，即便工作中真的"得罪"了某个领导，通过私人的交往也可以及时补救。

**观点三**

小 C 要处理好现在的局面和与两位领导之间的关系，最基本的一点是要调整好心态，摆正位置——自己只是一名服从命令、执行命令的科员，两个部门的领导均不会有跟自己搞好关系的诉求的，即使关系好也是表面上的而已，让小 C 干好自己的事儿、尽可能为自己服务并有益于自己，才是两位领导最想要的。

针对小 C 目前的处境，首先说跟现任部门 B 领导的相处，工作上一定要严格履行职责，一丝不苟地干好领导指派的任务，让领导觉得自己是可用之人；同时，女领导通常都虚荣心较强，所以应时不时虚心向领导请教，学会示弱，接受领导的指导和点评，使其得到充分的尊重。另外，私底下要想办法让 B 领导感觉到，其实自己跟 A 领导的关系还可以，但肯定不如跟自己的领导关系好。

再说跟 A 领导的相处，毕竟小 C 曾是 A 领导的老部下，自己的性格、行为等她应该还是有较为深入的了解的，因此，对待 A 领导的态度不要有大的转变，依旧保持调岗前的热情和感觉，不要给其留下"人走茶凉"的印象。在向其传达 B 领导的问题和想法的时候，尽量少掺杂个人的见解，在表面上稍倾向 A 领导的同时保持适度的中立。

有时候，两位领导也会向小 C 了解对方的一些情况，此时一定要慎重，比较私密或重要的信息，即使知道也要装作不清楚，大家都知道都在说的，就简单、中性地评论几句，万万不可大肆倾泻自己的看法和情感。此外，在两位领导面前的表现可以有所不同，把 A 领导当成是一位经验丰富的大姐姐，时不时地叙叙旧，回忆之前一起工作的时光；而把 B 领导当成是指导员，自己是一名战士，工作上冲锋陷阵，私下里可与其谈心，但要保持必要的尊敬。

如果小 C 和两位领导同时出现在一个工作场合，而很不幸又出现了矛盾和摩擦的时候，那么务必坚定地站在 B 领导这边，但也要对 A 领导表示出关注和尊敬，不多言多语，保持足够的沉默，适度表达自己的观点。

总的来说，我的意见就是，在处理与两位领导的关系中，应当遵循不温不火、不卑不亢、言行适度、观点中立的中庸之道。

**观点四**

首先，我认为小 C 必须对自己有一个清楚的定位，即自己是 B 部门的人，自己的业务、考核等都依托于 B 部门。在这样一个前提下，即使跟 A 部门领导的关系再好，也和现阶段的业务关系不大。不能因为"自认为"的和领导较好的关系而影响到自己在业务方面的判断，不能在进行判断时受过多的主观因素影响。既然是 B 部门的人，在业务上理应站在 B 部门的角度考虑。A 部门已经是过去式了，考虑到自己以后的职业生涯以及与其他部门的融洽相处，小 C 有必要与 A 部门保持良好的关系，但是出发点一定要在 B 部门上。

其次，我认为小C应该明确自己的业务性质，完善业务推进方法。就我个人的工作经验来看，公司里业务推进最难的人就是负责部门间沟通的人，尤其在自己所在部门老板不给力的情况下。如同案例中的小C一样，A、B部门的领导完全把小C当作了部门沟通的桥梁，且大部分情况是A、B部门的领导不能互相说服，这种情况下小C夹在中间的难受程度可想而知。我的建议是，在部门间沟通时，一定要以邮件或者微信、短信等形式来展开，切勿使用口头的形式。俗话说"口说无凭"，在两位领导存在矛盾和微妙竞争关系的背景下，误会难免会发生，而小C稍有不慎就会卷入其中。在面对A、B部门领导可能出现的"赖皮"情况时，留有"证据"就显得格外重要了。B部门领导"耍赖"时，因为是自己的领导可能也不好表示什么，但是一旦A部门领导"耍赖"，小C就可以为自己部门领导提供必要支持了。因此部门沟通的业务一定要"留底"。另外，小C在向B部门领导反馈沟通结果时，一定要把沟通的进度，以及沟通时发生的问题交代清楚。很多时候小C不能解决的问题，由领导出面的话，即使关系再差对方也会给一定面子的。

最后，在私人关系的处理上，我觉得将工作和生活混在一起的人是不明智的，应该适当划清工作关系与私交之间的界限。从小C在工作中的情况来看，我感觉与A、B部门领导关系也没她想象中的那么好。因此，建议小C把工作与生活分开，不要掺杂过多的个人情感在A、B部门领导的斗争中。只要做好自己的业务，完成本职工作就足够了；至于A、B部门领导的竞争和矛盾，其实与小C的关系也不大，小C不用过于烦恼。

### 观点五

这个案例让我想到了我们单位女领导的故事。我在银行工作，我们单位的正职行长是男性，但是基本不管行内的具体事务；副职是一位空降过来的女领导，原先负责人力。我现在的主管也是女性，在单位时间较长，与另一名年长的返聘回来的女员工经常八卦，说副职领导的坏话，然后在员工中间制造矛盾，搞得单位鸡犬不宁。

我有个得罪人的想法，就是女员工多的地方，是非就多，嚼舌根儿的就多。我的做法是，做好分内的工作，学习不懂的业务，参加一些资质考试，提升自己的能力，一定不参与内部斗争，对无谓的争执保持中立的态度。考虑到单位中一些官僚机制和复杂的人际关系，还是不要轻易卷入纷争的好，提升自身的业绩和能力为先。退一步讲，当今社会市场广阔，工作环境真的很糟糕、人际关系很累心的话，完全没有必要在一个地方干到头，"人挪活"嘛，提升自己、调整自己的状态更重要，对单位的忠诚度还是让位给个人成长空间吧。

**观点六**

第一，放松心态。从案例中介绍的情况来看，小 C 还是一名很有责任感的年轻人：他一方面希望 A 部门和 B 部门在工作上能够相互配合；另一方面希望 A、B 两部门领导能够和平相处。这当然是出于好心，但这并不是自己必须承担的责任，也非一个普通员工通过努力就能实现的。一方面，A、B 两个部门的领导都明确自己的工作职责，虽然两人有些私人恩怨，但应该都会把握好分寸，不至于影响到工作。即使出现影响工作的纠纷，自然也有更高一级的领导出来解决。另一方面，我们当然希望自己能处在一个融洽的工作氛围中，同事间都能和平相处等。但"虎有虎步，狼有狼道"，有些人就是不能走到一条道上，外人的过多介入反倒会惹火烧身。因此，小 C 一定要调整好心态，不要把 A、B 两个部门的责任、A、B 两个部门领导的私人恩怨扛在自己肩上，要保持一颗平常心，把自己分内的工作做好，不要让压力先压垮了自己。

第二，公私分明。一是工作上要出于公心。一方面，虽然小 C 曾经在 A 部门工作，但走上新的工作岗位后，还是应该站在 B 部门的角度去考虑问题，在公开场合不要和 A 部门领导走得太近，避免让 B 部门领导产生"吃里扒外"的印象；另一方面，可以利用自己曾经在 A、B 两个部门都工作过的优势，在两个部门的工作衔接中发挥"桥梁"

作用，可能的话寻找机会缓和 A、B 两部门领导的关系，但这绝对不是主要任务。二是在生活中真诚相处。中国是个"人情"社会，工作之余不妨与 A、B 两个部门领导保持点私人交往，建立信任关系，这对开展工作还是有好处的。

## 总结评述

对于案例中小 C 的尴尬处境，各个观点均体现了一个核心原则：摆正位置、公私分明。这一点是非常值得肯定的。

小 C 工作中面临的最大困境在于，经常需要在新领导与旧领导之间进行跨部门的沟通，偏偏两位领导关系不睦，而小 C 又不想"得罪"其中的任何一位。化解困境的最好办法就是"公事公办"，这也是一个原则，但真正贯彻起来又不是那么容易，这里提示两个要点吧。

首先，不要把组织中的人际关系看得比工作本身还要重要。我们来工作就是履行岗位职责、做好领导交办的任务，然后通过完成工作的结果来换取薪酬，这同时也是组织运作的基础和基本逻辑。因此，我们处理各种人际问题也是为了更好地完成工作，所以维系好人际交往的底线即可——与相关人员在彼此尊重的前提和客观的距离下合作。"公事公办"的基础则是，诚实地面对自己的想法和需求，也尊重他人的不同意见，尽可能把问题聚焦在能够改变的方面，遵守部门的流程制度和规则，也尊重约定俗成的习惯做法。

其次，不要指望用私人关系替代正式沟通。工作中很多跨部门沟通涉及"谁来承担责任""谁对结果负责"的问题，因此效率最低、风险最高的沟通方式就是以私人的关系去做一对一沟通，比如案例中的小 C，千万不要自认为和 A、B 两位领导关系都还不错，就通过"传话"的方式转达很多工作中的重要信息，这是相当危险的；一定要让所有的操作都留有痕迹，这样一旦出了差错便有迹可循，所有的工作结果才可以追溯。总之一定要按流程来流转工作中的信息。

# 案例 3 – 5　　有名无实的领导

　　小王新近加入一家公司担任部门经理，然而却成了"名义领导"。团队中的小李虽然年纪小但资历深，而且业务熟练，公司里从上到下有事都直接找小李，这让小王颇感尴尬。小王如何才能尽快融入团队，成为"真实领导"呢？

## 故事

　　小王是经理级别的员工，最近新到一家公司，工作内容变化很大。团队成员中，小李的年龄比小王小很多，但在这家公司的资历却不浅，且业务熟练。虽然在职位上小王比小李高，小李对外也称小王为"领导"，但实际上却是小李在引导着工作的走向。

　　此外，在小王到来之前，小李一直是直接听命于大领导，小王上任后，大领导还是和小李直接沟通问题，几乎是直接对接小李而不经过小王，其他部门和小王所在部门对接时，基本也是直接找小李，这让小王有些尴尬和无所事事。

## 问题

　　小王应该如何改变这种情况？小王如何在下属业务更加熟练的情况下，快速逆转"被牵着走"的状态？

## 见解

### 观点一

　　我认为目前对于小王来说，当务之急就是要迅速地熟悉新公司的业务，尽可能在短时间内了解部门内外的全部业务内容。小李之所以得到领导和其他部门同事的依赖，主要是他业务熟练，可以节省沟通时间、降低沟通成本。然而，这一点只要小王多留心、多观察、多请教、多学习，便很快能上手，并不困难。

待业务逐渐熟悉后，小王需要一个合适的机会展示自己的能力。如果只是基础执行工作，通常时间一长，谁都能操作；难的是从当前繁杂琐碎的工作中跳出来，以全局的视角对工作内容再次进行反思和梳理，找出其中存在的问题，并提出可行的建设性的意见，甚至重构和整合。对于工作中存在的问题，每个人心中都会有不同的认识和理解，差异化会直接体现出来，自身的独特优势会迅速被人发现。当正好需要解决问题的时候，就是小王该站出来的时候了。一旦抓住机会为公司解了燃眉之急，或者争取到了好的发展机会，上级领导及各个部门的同事很快会对小王刮目相看，进而迅速逆转"被牵着走"的状态。

**观点二**

案例所述在企业中是一个非常常见的现象，目前我所在的单位就在发生类似的事情。

首先需要明确的一点是：小王这种情况必须改变，而且需要尽快改变。因为按照正常流程，一个新人只有 2 个月的试用期。作为一个经理级别的员工，如果 2 个月内一直被下属"牵着走"，基本上是过不了试用期的（我不清楚小王是以什么形式进入新公司的，如果是被人才引进没有试用期的另说）。

那么如何改变这种情况呢，我认为可以做好以下工作：

（1）加强自身专业的学习，因为"工作内容变化很大"，如果不学习相关知识，你是跟不上企业的发展的，作为领导都没有相关知识和技能的储备，如何去指导小李呢？显然无法让小李信服。

（2）经常与小李沟通交流，因为小李是老员工，对公司的各个部门、人员、公司领导、公司的业务等等都非常熟悉，而且应该已经跟领导有了默契，所以通过跟小李的友好接触，可以逐步了解公司的方方面面，这对一个部门经理来说是入职后必须要做的。

（3）经常与其他部门的同事交流，尽快了解其他部门的工作内容，特别是其他部门同事与本部门对接的主要工作；其他部门之所以愿意直接找小李，应该也是因为和小李非常熟悉，方便省时，所以小王也应尽快跟其他部门的同事熟悉起来，达到小李的水平。

（4）多与大领导交流，因为小王是新到这个公司，大领导也不清楚你的能力；在小王对业务熟悉的情况下，可以找机会多多跟大领导交流。

（5）找机会展示自己的优势，做到经理级别员工，肯定在某些方面有自己的优势和特长，比如自己的同行业人脉等，在新公司需要的时候，及时展示出来，让大家了解自己的实力以及对公司的价值。

（6）保持平和心态，不要操之过急；要在全面了解公司同事、公司业务的情况下，逐步表达出自己的看法，不要一到公司，在不了解情况的时候就盲目展示自己或者"夺权"。

**观点三**

首先，小王应该认识到，自己必须付出更多的时间和努力，早日熟悉业务，而不是一味想着如何压制下属，如何提高自己、以实力服人才是王道。作为中层领导，最好是能够以才服人而非以威服人，因为自己的所有权力都是大领导授予的，而公司需要的是能够为组织创造更大价值的人。下属有能力，领导不要忌惮，应该感到庆幸。

其次，大领导喜欢直接和小李对接，小王不要直接干涉和禁止。但反过来，小王可以通过各种方式把两条规矩立好：（1）大领导或其他部门找小李对接事情，小李必须向自己汇报；（2）大领导可以直接找小李对接，但不允许小李直接找上级对接，有什么事情必须让小王知悉。需要指出的是，上级领导和小李之间比较熟悉，或者上级领导用小李更为顺手，很可能也就是仅此而已，否则现在坐在小王这个位置上的应该就是小李了。所以小王也不必太过紧张，所谓"先礼后兵"，如果好言好语立规矩小李都听不进，那就到大领导那里明确表态吧。一般来说，做大领导的不会不懂职场的基本规则和"一级管一级"

的道理。

最后，如果可能的话，小王可以安排小李和另一个同事共同去做某一份工作，这样两人可以相互照应、配合，同时也互相竞争、牵制，慢慢改变目前的小李"一家独大"的情况。

### 观点四

我分析目前出现问题有以下三个原因：

一是小王为"空降兵"，并未真正融入现在的单位中，无论是与上级领导还是与同级同事，彼此间仍存在隔阂，在大家眼里小王是个"外人"。

二是小李能力出众且作为之前的业务负责人一直在处理工作。

三是小王的职务级别与自身的业务能力（或者对新公司业务的熟悉程度）并未匹配，无法处理相关的业务。

相应地，解决问题应从以下三个方面入手：

一是注意加强对上沟通，小王应就自己的岗位职责多向上级领导请示汇报，突出自己作为部门负责人对于业务开展的想法、理念及发展规划。

二是妥善处理对下关系，虽然小王的职位高于小李，但小李毕竟是老员工且业务能力强，小王不应以领导的架子居高临下。在遇到具体业务工作时，小王可在部署开展之前与小李私下交流、商量，进行决策时也可以参考小李的意见进行适当安排（当然小王仍需注意抓紧业务工作的决策权和部署权）。

三是增长提高业务能力："打铁还需自身硬"，小王作为部门负责人，一定要注意提高自身的业务能力。可以不做最出色拔尖的具体业务实干者，但一定要对业务工作的流程了然于胸，有全面的把握和了解。对待业务工作则要做到合理统筹安排，人员部署有效。

### 观点五

为了能够尽快树立威信，给小王提出以下几点建议：

（1）建立健全各种岗位职责，同时规范工作流程。

（2）跟自己的上级领导搞好关系，尽量让上级领导在公司支持和维护自己的权利与地位。

（3）对下属员工恩威并施，该奖励的时候就奖励，该惩罚的时候就惩罚；日常相处时要尊重下属，以和为贵，态度谦和。特别值得注意的是，对下属要选择正确的批评方式，不要让员工觉得你在针对他。比如说可以先对能力和成绩给予肯定，再继续指出工作中需要改进的地方，同时告诉员工你需要他的支持；表达期望的时候态度要诚恳，让下属能够更好地接受批评，同时又能感到温暖，进而积极投入工作。

**观点六**

第一，小王要定位好自己的角色——虽然是经理级别，但毕竟是新到这家公司，对公司的了解程度以及业务熟练程度都不如小李，所以虽然身处较高的职位层级，也应该以低姿态向其他同事、特别是小李学习。要想让大家信任和支持，自身强大最主要也最可靠，所以还是先抓紧时间强化自身的业务能力。

第二，一方面，小王刚进入这家公司，大领导和其他部门对小王也不够熟悉；另一方面，小李工作熟练资历老，所以很自然的，大领导还是愿意和小李进行沟通，其他部门在对接的时候也习惯性地找小李，这些都是正常行为，应该不是大家有意孤立或疏远小王。所以小王应该摆正心态，在熟悉业务环境的同时，也要主动和领导及其他部门的同事多多沟通增加交流，联络感情。

第三，小李业务熟练，本身是一件好事，小王应该找机会多多表扬小李，并且把小李树立为本部门的榜样，让本部门的员工都向小李学习，部门的员工表现好、业绩突出，小王作为部门领导也会脸上有光；与此相对，还有另外一招儿（略有点"黑"），那就是对目前大家都比较信任和依赖的小李，以减轻其负担为由，把一些工作转派给部门的其他员工，分散小李的影响力，在领导那边，也可通过自身的岗位职级来介入更多的工作，既可学习经验，又可在一定程度上对重要工作有所掌控，防止小李伺机越权。

**观点七**

第一，我觉得小王不必太过担忧，因为我首先看到的是，坐在经理位置上的是小王而不是小李，由此可以大致判断出，大领导对小王和小李是有着自己的判断的，否则小李资历深又业务熟练，何不让小李坐在经理位置呢！

第二，小李是小王的下属，下属有能力又有经验，作为领导不该忌惮，应该感到庆幸才对。大领导喜欢与小李直接沟通，可能是因为小李在公司时间比较长，对各项业务更加了解和熟悉，这种行为可能只是出于习惯，而不是有意为之，因此小王足够聪明和理智的话就不要去干涉和禁止。

第三，小王需要树立正确的领导观念，不是说领导就一定要比下属的能力更强，领导的价值更多体现在"领导力"上面；另外，既然有一个业务更加熟练的小李，那正好可以好好向下属学习，快速熟悉各项业务，这是一个可以促进与下属关系的良好契机，而不要把它看作权力的斗争。事实上，小王既然是小李的直接领导，无论是从制度还是资源来看，小王都是更为强势有利的一方，更有主动权，所以大可不必心有戚戚。

## 总结评述

案例中的小王目前处于一种被"架空"的状态，大家能够感受到小王的焦虑，却没有看到对这种状态的成因分析，所以各个观点中只能给出若干假设，比如小王还没有进入状态、对新部门的业务还不够熟悉、公司的上上下下已经习惯了和小李对接……据此为小王提出了一些行动建议，这些建议都不错，也具有较高的可行性。

最后再就中层困境这个问题多说几句。案例中的小王就是个中层管理者，现实中时常出现中层人员被架空的现象，特别是在民营企业中，大老板"一竿子扎到底"的情况并不鲜见。这固然与大老板的行事风格有一定关系，但中层管理者的能力和意愿往往也是重要原因之一。一旦出现"被架空"的迹象，建议中层管理者首先反思一下自己是否存在"上不听命、下不出令"的问题，即一方面在心态上质疑公司和老板决策的正确性，另一方面在行动上又无力去实现公司和老板要达到的目标；既不喜欢被上级指示，又没有自己的一套行之有效的管理办法。简而言之，就是想法太多、大道理也明白不少，实际操练的功夫却差了些；如果内心还放不下私人利益的盘算就更要命了。这样的中层领导对于公司来讲实为灾难啊。

当然，上述建议并非特别针对小王而言，而是值得身处中层的管理者自我警醒；有则改之，无则加勉。

# 案例3-6　好心却"耍"了队友

小李在创业型公司中担任一个团队的负责人，考虑到团队中的小林工作勤恳家庭负担重，特向领导申请为小林涨工资，领导一口答应，小李很高兴并立刻转告了小林；结果第二天领导就改变决定了，小李很是郁闷，自己出于好心想帮助小林，结果却让同事空欢喜一场，如何收场呢？

## 故事

小李在一家发展比较迅速的创业型公司工作，担任一个团队的组长。该团队负责的工作比较琐碎，收入水平与业内平均工资相比也不是很高，团队成员普遍感觉工资太低。

团队中的小林，工作能力和态度都不错，家庭负担又较重，于是小李向上级领导反映了情况，希望能给小林涨些工资；上级领导回复说没太大问题，可以涨工资，并且让小李转告给小林。小李很高兴，立刻把这个好消息反馈给了小林。但是才过了一天，上级领导就跟小李说，给小林涨工资没有太大必要，这次涨工资可能不太适合，想要否决这个事情。

## 问题

小李该如何跟小林讲这个事情呢？小林若因此离职或产生消极怠工的情绪该如何处理呢？

## 见解

### 观点一

个人认为，小李不必太正式的和小林讲这件事，也不必马上和小林讲，因为刚刚让小林高兴，又让他失望会让对方的情绪大起大落，影响对方的工作状态。人们通常情况下会对反复无常的变化难以适应，特别是涉及自身利益变化的情形。

根据行为科学家的研究发现和建议，"坏事早说不如晚说"，那就让小林先带着喜悦的情绪工作一段时间，这段时间小林的工作效率肯定会很高，干劲儿也会很足，无论对小林个人还是对团队都是有益处的。然后，小李可以找个非正式的场合，比如一起用餐（注意要只有小林一人在场），慢慢透露出最近公司不太景气，行业也不景气，整体经济环境不佳，公司高层有裁员的考虑等，自己原本想要向高层提出涨工资的想法都没有提。在这样的情况下，小林出于家庭负担的考虑，首先想到的应该是保住工作，有工作有收入总比没有的好，即使不涨工资，失落情绪也会小很多。然后，等小林降低了心理预期之后再慢慢透露领导"变卦"的信息，即公司考虑到小林的能力和态度，不会裁掉小林，但是涨工资的事情要暂缓一段时间。最后，再给小林分析一下整体的就业形势，鼓励小林和公司一起渡过难关，小林的表现肯定会被领导看在眼里，等公司的经济状况好转了再提出涨工资的申请，那个时候想必公司一定会兑现。

### 观点二

这个案例虽小，却涉及了职场中如下几个重要的核心话题：（1）工资的内涵；（2）团队领导（中层）如何为下属争取利益；（3）团队领导如何向下属传递坏消息。

首先，员工与老板对工资内涵的认识绝对是存在差异的，特别是在民营企业、创业公司中。员工倾向于将工资理解为公司对自己所付出的精力和心血的补偿，或公司对自己为公司带来利益的回报；老板则通常将工资理解为对员工未来做出的更多业绩的预付金。换言之，员工的思路是"我已经做得不错了，所以我值这些钱"，而老板的思路是"我期望你做得更多，所以我先给你这些钱"。正是由于存在这种认知差异，所以员工常会抱怨说"我做得不错啊，为什么总不涨工资呢？"与此同时，老板宁可为了激励新人而付出更多薪水去赌可能的升值空间，也不愿意给已经暴露了能力上限的靠谱老员工更多的回报。

其次，在谈判涨薪的时候，一个大忌就是不断解释自己已经做得多好、付出了多么多，更不能将家庭经济负担作为主要筹码，这样不仅无效，还可能令老板产生被道德绑架的负面情绪，有百害而无一利。同时千万要记住的是，一定要强调自己会长期任职，伴随公司共同成长。所以，正确的思路应该是讲"现有工作我做得还不错，同时我有优势做好更多的事情，甚至我已经做好了一些准备。但坦白说现有的薪水其实不算太高，毕竟我家庭负担最近也有点重。我还想长期在公司任职，如果薪水可以有点涨幅，我会非常开心的！"同理，案例里的小李虽然是代他人寻求涨薪，也可以采用上面的思路。不过我认为，申请加薪最好还是不要代替下属提出，否则会给上级留下你领导力不佳、只会用钱去激励团队的坏印象。

将谈判涨薪这个事情稍微推广一下，这实际上是现实中一个非常普遍的问题，即团队领导（中层）如何为下属争取利益。

作为团队领导，一定要关心下属，也要积极为团队争取利益。从这一点看，小李的动机非常正确，是个体恤下属的好领导，只可惜方法欠妥。中层干部必须要避免让上级认为你想拥兵自重，但事实上恰恰要用公司的资源来达到为自己收买人心的效果。如何笼络住上下两级，这是非常需要技巧的。

先来分析上级领导的心态。上级领导，乃至大老板，其实并不会心疼多付出的仨瓜俩枣的钱，而是担心这些钱花得没有意义。这里的意义包括两个层面：（1）鼓舞干劲，令员工创造出更多的价值；（2）令员工念我的好、感我的恩。所以，团队领导在争取团队利益时，一定要点明这么做的实际好处是什么，而不能只是出于"因为下属不如意，所以我希望对他们好一点"这样的虽然朴实却令上级生厌的善念，其指导思想同此前谈及的谈判涨薪思路相类似。聪明的中层管理者一定要尽力公开宣传上级的好意，令他们脸上有光；切勿用公司的资源偷偷摸摸做好事，令上级有当了"冤大头"的感觉。

进一步的，如果宣传了上级的功劳，在对下的方面又该怎样体现自己的价值呢？这里必须清楚自己作为中层领导的定位，并非资源的所有者、配给者，而是上传下达的经纪人。所谓经纪人的价值，不在于直接给出甜果子，而在于只有你才能接触到更高一级的领导，只有你才有能力争取到资源。具体来说，在与上级沟通并获得初步许诺的时候，可以向下属放出风声，讲自己正在努力寻求领导支持，希望会有好结果。这里的时机选择十分重要，太早说，八字还没一撇，失败可能性大，会降低个人信誉；太晚说，体现不出自己的努力，显得这事轻而易举就能搞定，提高了下属的预期，未来会有越来越多的诉求。更重要的是，这事不能把话说死，以免如案例所展现的那样，一旦失败，会使自己左右为难。

那么，事已至此，小李要如何向小林告知这个坏消息呢？我的建议是，但说无妨。小李千万不必心怀愧疚，觉得对小林有所亏欠，不知如何张口，否则在人际互动中会不知不觉地处于被动，难以有效地发挥领导力。当然，虽不能吞吞吐吐，也要讲究方法。此时小林已有所期待，小李却不得不泼一盆冷水，若稍有不慎，小林甚至会埋怨小李争取不力，和老板同流合污一起压榨员工。要破解这个困局，我想还是要从中层领导的经纪人定位找答案。即便涨薪没有成功，小李还是可以多和小林透露一些自己在这件事上所做的努力（适当添油加醋丰富细节），令小林认为此事固然遗憾，但小李心系下属，还是值得追随的，未来升职加薪的机会一定还会有的。至于涨薪失败的原因，则不能实话实说，那样会损害上级的威信，不妨为上级领导找一些客观因素，强调领导认可小林的工作态度与能力，然而公司眼下需要节约开支，涨薪一事不方便和大老板提及，故而一时还没办法落实。如果这样沟通能成功，那么小林非但不会有消极情绪，反倒会认为跟对了人，有信心与公司共克时艰，死局也就成了活局。

**观点三**

小李作为团队的负责人，肩负着凝聚团队人心、提升公司业绩、安抚员工情绪等诸多重要职责。既然领导已经明确回复了涨工资不太可能，小李也不可能一直瞒下去，那就在下班后找个轻松一点的氛围约小林谈谈，表达对他工作能力的肯定，也告诉他领导再次回复不涨工资，因为公司还是创业阶段，资金尚不充裕，而自己会在公司经济状况好转时再次为小林提出涨工资的申请。为了弥补这次遗憾，自己会在日常考勤上对小林适当放松，方便其兼顾家庭，日常绩效尽量保证每月不扣，但小林的工作不能松懈。如果小林有其他需要帮助的，一定鼎力相助。此外，小李还要鼓励小林更加努力地工作，让领导看到他的表现，对于创业阶段的功臣，公司肯定是不会亏待的，而自己也会为其争取奖励。小李讲完之后要看看小林的反应，如果他真的消极怠工，那就谈话提醒，适当按公司的规定加以惩罚；如果小林执意辞职（按说应该不会吧），那就适当挽留，不成功的话也只有好聚好散了。

**观点四**

第一，"不能够涨工资"这个事情对小林来说是个"坏事"。小李作为直系领导有义务通知此事。事实上在上级领导没有下达正式通知的时候，小李是不应该马上跟小林讲涨不涨工资这个事的，可惜事情已经发生了。

第二，小李在整个过程中只是一个"中间人"，是没有权力决定小林是否能够涨工资的，那么本着"坏事早说不如晚说"的原则，就在领导正式通知的那一刻再告诉小林此事吧。

第三，小林在入职的时候已经对自己的能力、发展潜力以及工资水平等有了基本的预期，接受入职说明他能够在短时期内接受这样一个报酬水平，并且对今后的发展有个基本的规划。现在很重要的一个问题在于：如何对小林弥补先说涨工资后期又变卦的一个心理落差，并让小林不产生消极情绪。我的建议是，首先，在沟通过程中明确，这是一家发展比较迅速的创业型公司，工资的事宜是由上层领导讨论决定的（必须消除小林与自己产生误会的可能，消除沟通屏障），将领导考虑的整体格局与小林沟通，让他能够理解领导目前的决定。其次，小林及整个团队目前所负责的琐碎的工作并不是长久的安排，而其他同事的工资同样在这样一个水平线上。最后，站在小林的角度为他规划一个相对长期的职业规划，在专业能力发展上让他看到希望。作为直接上级，小李可以在适当的范围内积极为手下的员工争取一些小福利（未必是涨薪），让他们觉得小李跟自己是一个利益共同体。

## 总结评述

案例中的小李"好心办了坏事"，可惜我们对于一件事情的感受大多是从结果来看的，而较少去关注当事人做事的初衷；因此对于小李而言，去"补救"的意义已经不大，更有价值的是从中吸取教训，避免再犯。

就"为团队中的下属申请加薪"这个事件而言，从发起到执行的整个过程中，小李都显得不够成熟；由于是在一个创业公司中，我们姑且认为小李还比较年轻吧，要学习的地方还有很多，其中观点二给出的分析和建议是非常中肯而全面的，值得好好学习和体会。

最后再补充或强调一点，就是如何"好心办好事"，即把良好的初衷转化为让人满意的结果；这里需要关注和认清形势，所谓"顺水行舟"，要在资源有利的前提下去推动计划，而不能只想着去做个"好人"或者抓住表现机会。如果尚不清楚资源是否足以支撑目标就盲目行动，就难免陷入"好心办坏事"的尴尬境地。以"建议加薪"这个事情来说，小李就应该首先了解一下公司的财务状况，只有在老板有支持意向且公司财务状况有涨薪空间的情况下才可能成功，小李才会真的帮到小林；如果老板恰好准备削减人工成本，那么小李非但帮不到下属，反而还会被贴上"没脑子""不长眼"之类的标签。

总之，组织有其运作的内在逻辑和规则，事情发展并不以行动的出发点的优劣善恶为转移，凡事三思而后行还是有必要的。

# 4. 机遇、规划与个人选择

　　职业规划、机遇把握与个人发展，这是一个永恒的话题。不同的年龄和职业发展阶段会有不同的困扰，早年纠结于选择、中年忧心于危机、暮年则执着于保障，因此，这个话题总是不愁素材，而且常谈常新。不过近 10 年来参与讨论的学生们还是以年轻人为主，且有越来越年轻的趋势；学生们的平均年龄越来越小，且越来越多的同学选择在工作年满 3 年之际（报考条件中的工作年限门槛）即来报考、就读。因此，本单元的案例故事中，更多的还是反映了中青年职场中人的困惑和迷惘。

　　年轻人最大的一笔财富就是时间，正如有些人所说："年轻不怕失败，我有的是时间尝试，我们输得起"，然而在这个瞬息万变、日新月异的时代，我们能挥霍的机会其实并不多，甚至一步走错就被甩下一大截儿。很多时候，我们并没有太多的机会进行选择，进入职场之后，个人的选择空间更是没有我们想象中那么大，因此，职场中的每一步都值得我们认真、慎重对待。

　　理想的从业状态莫过于个人与岗位的高度匹配——个人满足岗位的各项要求，而日常工作也恰好是自己所擅长和喜欢的，从这个角度来讲，职业规划与选择的最重要一步其实就是对工作岗位和个人状况的准确分析、考量和比对。

　　先来说说个人评估，职业规划和选择首先要进行的就是自我分析。即使不用"大五人格量表"这样的测试工具，你也应该大致自我界定一下自己的个性偏向性——是喜欢与人打交道更多，还是与事务打交道更多；是喜欢从事文字、设计一类的文案性工作，还是喜欢研究和操作设备一类的动手为主的工作；更喜欢"宅"在一个地方还是更喜欢到处"浪"；是偏好秩序还是偏好创新；是习惯于事情有序进行可以预期，还是期望不断出现新的挑战和机会……完成这一步分析基本就确定了职业道路的方向。曾经有一位被大家公认为"文青"的同学，在从事销售工作的过程中几乎处处碰壁、天天被老板骂，我想不用多说大家也明白个中原因吧。

除了个性、特长等方面的特质，一些基础性的资源禀赋也应在考虑范畴中。比如选择到北上广深等一线城市工作，就意味着高昂的落户与生活成本，如果原生家庭的经济状况一般，那么就要权衡一下地域了；又比如独生子女在选择工作时，就要比多子女家庭的孩子多考虑一层父母照料的问题。这个层面的分析往往会戳中很多人的痛处，我们不得不承认，人生就是不公平的，出生地域、家庭背景和经济状况等决定了一个人早期能够得到的资源和体验，从而使得大家的"起跑线"就不是划一的；但是过多的纠结于此并无意义，因为这些都是我们无能决定的。好在每个人手中仍然掌握着自己一多半的命运，我们可以通过自己的努力，在与外界的互动中换来更好的结果，这也正是职业规划和抉择的意义。

要想有一个成功的职业生涯，要在特定的组织中有更好的发展，就要从自己的角度主动去设计目标、行动路线并根据情况随时调整自己的行进节奏，这样就能在一定程度上比随波逐流的人更知道自己在做什么，也更容易获得自己想要的东西。无论是个性的偏好特点还是家庭的资源禀赋，极少有人是完美无缺的，总会存在某个"短板"，而我们能做的就是"扬长避短"。有些东西确实是"天生的"，但是千万不要低估了用心和努力在自我提升过程中的作用，努力本来就包含有克服自己弱点的意义。

在自我分析的基础上，可以去回避那些自己不喜欢的事情，或者根据自己的长处去寻找更合适的工作；但对大多数人来说，往往最大的困扰在于，自己并没有明显的长处。解决这个问题没有捷径，这就进一步凸显了"努力"的意义；要么一直安于相对简单的岗位和工作内容，要么从最基础的技能学起，让自己成为一个有能力不断接受新知和挑战的人。

再来谈谈对工作岗位的评估。在考察一份工作的时候，理性与感性通常都是必要的。需要理性分析的包括：单位是否正规、提供的岗位是否适合自己、是否能让自己的能力有所发挥并有进一步提升的机会、薪资福利是否合理等；同时需要感性体会一下：单位是否有明确的发展目标或职能、单位的氛围和领导的风格等是否适合自己等。现实中很多人慨叹找工作时"被忽悠了"或者"好工作太难找了"，大抵是将理性和感性用颠倒了，比如仅仅被机构创始人的"情怀"或"创业史"所感召而忽略了对其他方面的考察和理性分析，结果大多会后悔；而只凭感觉就认为某个单位工资低、任务重、没前途，往往很难找到真正适合自己的工作。

对于工作不切实际的期望也在很大程度上影响到工作满意度和个人发展。比如很多年轻人对于"好工作"的定义都停留在"工资高、福利好、工作强度合理、公司气氛友善"这个范畴内，现实一点的会说"我希望自己的薪酬待遇和得到的重视程度与我的付出是匹配的"，但问题在于，人们或多或少都会存在某种"自我服务偏见"，总觉得自己的工作复杂而重要，再加上强烈的"牺牲感"，最后的结论自然是自己"总是被辜负"。一些专业技能较为突出的人倾向于将自己设定为"单位里不可替代的人"，这其实也是很不现实的；如果单位里真有这么一个不可或缺的人（除非是老板还可以理解）出现，很可能是出现危机的信号：要么是这个人的作用被神化了，要么是制度层面有漏洞而恰好被这个人掩盖住了。还有很多人都期望的"工作与生活的平衡"，严格来讲真的是很难实现的，或者说这种平衡只能是动态的和阶段性的，某段时间多为事业奋斗，另一段时间则以家庭为重而改做相对轻松的工作；在资源有限的前提下，你不做的事情总会有人去做，保持"稳定平衡"的结果大抵是平庸。

为了提高工作匹配的可能性，在评估工作岗位之前最好能列出一个自己对工作的"期望清单"用于对照，比如，我希望从事的工作的具体内容是什么？这份工作最吸引我的地方在哪里？如果我想获得更好的发展，应该在哪些方面下更多的功夫？直管领导具备哪些我目前还不具备的素质或技能？哪些是我可以学习到的？如果想取得更好的提升，领导能提供哪些支持？有无可能让其他人也支持我？……在走上工作岗位之后，这些问题也很值得深入思考，如能具体到行动细节，那么将是一份很好的工作指南。

在工作多年之后，产生倦怠、失落、不满等情绪都是非常正常的，哪怕当初入职时对自己的工作各种满意和喜爱；毕竟各种内外部因素都在随着时间的推移而变化，包括我们自己。但是对于一个渴望走向成熟的人而言，最忌讳的就是各种纠结、患得患失；但现实中这样的人不在少数，凡事没有定念，总是纠结"该这样还是该那样"，于是一面做着自己觉得没有价值的事，另一面又被现实的结果辜负。《道德经》有言："知人者智，自知者明；胜人者有力，自胜者强。"要想有所发展和突破，首先，一定要知道自己真正想要的是什么；其次，知道自己能做什么、不能做什么，这样才能在工作和人际交往中"摆正自己的位置"。可惜能做到这一点的人并不是很多。

在工作中遭遇一些烦恼、不顺甚至重大挫折也都是很正常的事情，但通常人们在遇到问题时都倾向于把自己描述成"被坑的"和值得同情的一方（从各个案例故事的表述中就不难看出这个特点），认为自己遭遇了"办公室政治"，是职场斗争的受害者，但其实有些时候是能力或者价值观硬伤带来的问题。深究下去就会发现，很多事件的发生是工作能力有短板、人际关系特别是和领导的关系比较紧张造成的。年轻的时候，这个倾向尤为明显；因为感觉相对敏锐，一点点挫折和不舒服的感觉都很容易让自己"难以释怀"，于是各种分析和揣测，其实多半是把事实、自己的感受和猜测判断全都搅和在一起了，结果就是庸人自扰，因为现实往往并没有那么复杂，大多数人应该都还是正常人的心思和想法。现实中不乏各种"职场鸡汤""励志教育"，其中有些职场经验就被"妖魔化"了，比如鼓励圆滑、阴险、各种功利的算计人的奇淫技巧，强烈建议年轻人屏蔽这些东西。体谅人心与揣摩人心看似相近，本质还是界限分明的，年轻的时候算计太重、揣摩太多绝不是一件好事，宝贵的时间和精力更值得用在硬功夫的提升方面。总体来说，还是诚恳、坚定、明理、上进能够帮助一个人走得更远。

　　无论处于职业生涯的哪个阶段，职业化素养是始终要追求和培育的，不外乎如下这些方面：有具体清晰的工作目标；能够分析并发现工作中面临的问题；能够为解决问题有效地组织和协调资源；能够形成实现工作目标的有效方案；能够依照计划和领导的要求完成工作；很好地保持与领导和团队的信息沟通。这种素养不是天生的，而是在日复一日的用心工作中不断累积和强化的；高职业化素养的人，往往也具备这些品质特征：勤奋、有担当、尊重他人、善于沟通、公私分明拎得清，两方面相辅相成、相互成就。这些品质也不是天生的，当然我们不否认有些人的先天资质确实更好一些，但是只要我们一直向着这个方向有意识地努力，终归是会超越原来的自己，职业发展也都不会太差吧。

## 案例4-1　力证自我还是潇洒离开

　　小林加盟某公司一年即连升两级，能力得到领导和同事们的认可。小林在年初被分配到公司的新部门，现任部门总监了解到公司老板想把小林培养成未来部门总监的意向之后，开始各种刁难和诋毁，甚至在公司裁员之际劝小林主动离职。公司老板受到现任总监的影响，也不再看好小林。如此境遇之下，小林是该继续拼搏力证自己的实力，还是干脆一走了之、另谋高就呢？

### 故事

小林加盟某小公司有一年时间了，公司领导及同事均对小林有很高的评价，小林一年里也是连升两级。

2018年初，因为公司内部业务调整，小林被分配到一个新的部门，部门现任总监对小林的表现十分认可，公司老板也十分器重小林，明确表示要把小林培养成部门未来的总监。现任总监获悉这一情况后，表面上极力支持老板的想法，私下却开始散播有关小林的一些不实言论，挑拨小林与部门同事之间的关系，甚至在几位领导面前说小林的不是，在考核工作业绩的时候也有意将小林的工作成绩算到别人头上，导致公司领导开始对小林的能力产生了严重质疑。

如今，公司即将开始裁员，总监几次找小林谈话，意欲将小林劝退。在与公司老板沟通后，小林了解到，老板并不知道小林被劝退的消息，但是开始相信现任总监对小林的一系列负面评价了，可见小林的工作已经岌岌可危。

### 问题

如果你是小林会如何选择？是继续留在公司，以百倍的努力尝试让领导看到自己的工作能力，进而得到老板的认可；还是选择离开公司，寻找更大的发展平台？

### 见解

#### 观点一

个人观点是，小林面对这一窘境切不可意气用事，为避免自己进一步陷入被动局面务必要沉下心，是走是留两方面都要有所准备。

首先，利用下班后的闲暇时间开始投简历、找寻新的工作机会，关注来自亲友、同学、猎头等多方面的招聘信息，将市场行情与现公司的薪资待遇、工作强度和发展空间进行对比，做到心中有数。如果综合权衡下来有更好的发展平台，自然不必对现公司有所留恋，果断前往新平台即可。

其次，如果在找新东家的过程中屡屡碰壁，或者发现还不如原公司，就要冷静反思和处理自己在现公司所遭受的不公正待遇。我认为可以主动找公司的大老板进行沟通，讲明总监有意抹黑自己的事实，并且表忠心、摆业绩，相信老板对自己的为人、工作能力以及去留问题还是会有个相对公允的评判和决定的。

最后，需要提醒小林的是，无论继续留在原公司还是前往新平台，都要记住"枪打出头鸟""木秀于林，风必摧之""功高不可震主"等古训，老祖宗的劝诫还是有道理的。能力强固然是优势，但也要善于体察人心，不要太过张扬让身边的人感到不爽；特别是对于嫉妒心较强的上司或同事，一定要学会掩盖锋芒、保护自己，好好领悟在公司的生存发展之道。

**观点二**

案例中的现任部门总监的做法很恶劣，令人不齿，建议小林采取以下措施：

（1）留存证据，包括劝退、传播假消息的文字、录音、图片、视频等；

（2）向公司的大老板说明情况，并提出辞职的意向；

（3）将证据中有侵害个人利益的部分挑选出来，提交给法务部门，要求对方公开道歉，并赔偿精神损失；

（4）离开这个公司，广阔天地将大有作为。想想看，一个公司的部门总监都不能容忍一个新人的发展，这样的公司离开了也没什么可惜的。

**观点三**

在这种情况下，我要是小林的话会像以前一样认真对待工作，不会"破罐子破摔"，毕竟自己的努力其他领导和同事也会看在眼里，不会现任总监说什么就是什么吧。如果此时工作上出现纰漏，会使自己处于更加不利的境地。

关于总监将考核业绩算到别人头上，小林可以先找现任总监谈谈，询问一下原因。如果现任总监的答复差强人意，可以向上级领导寻求帮助，据理力争。如果一直默不作声，或许会让现任总监觉得小林对这个事情并不看重，很好欺负。针对那些诋毁自己的不实言论，小林也应该第一时间进行澄清，不能等到事件发酵到难以收拾的地步，那时候很可能已经是"众口铄金，积毁销骨"了。至于老板开始相信现任总监对于小林的负面评价，我认为小林也应该掌握主动权，与老板积极沟通。毕竟小林的工作能力是得到过领导认可的，扳回形象应该没有那么难。

另外，小林也可以寻找更大的发展平台。如果有比当前公司更好的机会，不妨选择跳槽，远离这种是非局面。如果目前还没有更好的机会，也可伺机而动，但切勿怠慢了工作，因为工作能力是自己的立身之本，而一个人的口碑也是十分重要的。

### 观点四

我觉得小林应客观分析一下这家公司的发展前景，综合自己的职业规划方向，慎重决定是否继续留在现公司工作。

一方面，如果选择留下，那么小林可以先尝试性的与现任总监搞好关系，找个机会与总监进行推心置腹的交流，无论是否有野心都要藏起来，向总监示弱，表达自己干好本职工作的态度，至少可以让现任总监停止对自己的不实的负面言论；另外，既然公司大老板一度十分器重小林，对小林应该还是"有感情"的，建议小林选择一些非正式的场合，找机会与大老板单独聊一聊，尽最大可能说明自己的工作情况，消除领导对自己的误会；最后，小林自己平时也要注意做人做事的方式，在工作中一定要注意方法和态度，保持踏实稳重，和同事们搞好关系，既体现自己的工作能力，又不要抢了总监的风头，毕竟身正不怕影斜。

另一方面，小林在认真工作的同时，也要随时留意外面的好机会，为将来做好打算和准备。因为以上措施都是小林的单方面努力，是否能取得好的结果由不得自己；如果努力尝试了，效果依旧不好，那么只有选择离开这里，找一个更好的平台了。

**观点五**

我对小林的建议是，先去努力沟通，争取转机，同时寻找更好的平台和机会。

第一，积极沟通，了解公司和领导的需求。从案例的论述来看，公司老板对小林还是很器重的，只是因一时被蒙蔽而对小林的能力产生了怀疑，这种怀疑应该是可以通过沟通和交流来消除的。如果是对小林个人的偏见，就努力从沟通上进行解释和澄清；如果是对业务能力的质疑，那就通过扎实的工作表现和业绩来说话。

第二，骑驴找马，韬光养晦，厚积薄发。现在的处境对于小林来说很不利，而且小林已经意识到了问题的严重性。如果沟通效果不佳，各种努力都做了但是依然没有效果，那么小林就应该坚决离开，找寻更适合自己的平台。

**观点六**

从个人观点来说，小林入职也有些时日了，在加入公司的一年多里并没有与现任总监出现矛盾或个人恩怨，因此问题的根源应该是公司的老总想重点培养小林，引起了现任总监的"警惕"以及后续的利益冲突。

案例的主要责任方有三人，公司老总、小林的部门总监、小林本人。如果小林在公司里已经得到了大多数人的认可，并且工作时间较长，资历尚可，那么可以考虑继续留在公司。一方面，以工作为重，继续认真努力为公司创造业绩，并且要更加积极主动，做出特色，为自己树立"稀缺人才"的形象；另一方面，也要注重人际关系。首先，是和现任部门总监的关系，在行动之前先要审视一下自己是否有考虑不周或者让人感到"不爽"的地方，比如在与总监交流的过程中过于锋芒毕露等，应该处理好"谏言"与维护领导权威之间的关系，同时在协同工作中以低调为前提，在此基础上让公司老总、总监及同事看到自己的能力和贡献。其次，要搞好与同事们的关系，如果能够得到大多数人的支持和认可，在公司的位置就会更加稳定，所谓日久见人心。

当然，小林在努力改善境遇的同时也应该给自己一个时间限定，因为很多事情不是自己通过努力就能改变的，如果经过半年的努力，小林的能力和表现得到了同事们的认可，但仍受到总监的排挤，而公司老总也没有对小林给予更多的支持，那么最好选择离职。另外，要强调的一点是，所有的外部因素都不应过多左右小林的选择，作为一个成熟的职场人，小林要做的是从自己的职业规划入手，权衡自己的发展目标与现公司的发展前景，以及自己未来的发展方向，如果跳槽到更大的平台能够开拓出更广阔的天地，而留下对自己的成长也不利，那还是应该尽早打算，毕竟时间不等人，宝贵的青春只有一次。

## 总结评述

对于案例中小林的遭遇，很多观点用"木秀于林，风必摧之"来概括，也有人将其归为"办公室政治"一类的斗争，总之是职场中较为负面的常见现象，但大家提出的建议基本都还是积极进取型的，这一点很值得肯定。

这里再为小林提供两个补充建议。首先，不要忽视与领导之间的沟通。根据案例中的描述，"老板并不知道小林被劝退的消息，但是开始相信现任总监对小林的一系列负面评价了"，可见老板的评判基本上是以现任总监的信息为依据的；所谓"兼听则明"，可惜小林这边却主动放弃了发声的机会。或许在小林看来，"行胜于言"，但做出成绩固然重要，与领导达成良性沟通亦是一项绝对重要的能力；工作目标、要求以及结果的评估都来自领导，未来的晋升发展之路也在很大程度上取决于老板，为什么不去努力达成沟通呢？在正式的汇报流程之外，以请教或者咨询的姿态与领导交流一下工作成果也是很正常的，但是像小林这样闷头做事，难免就会被认为是对一系列负面评价和指责的默认。"让时间去证明一切"固然是有道理的，但是不能在时机到来之前被动地放弃自我努力。

另外，对于"办公室政治"既不必过度解读，也不要投入太多的关注和精力，毕竟这是一个纯消耗而无裨益的事情。从个人职业发展的角度考虑，核心要务还是让领导信任和器重，如果有对外业务，那就努力让客户和相关单位欣赏你，至少合作愉快，这些才是最值得用心着力的地方。其他的跟同事玩心机啊、跟小领导争意气啊，都是不够成熟和理性的表现，也可能是宫斗剧看多了，或者是眼界太过局限。产生"内斗"的要素是"封闭"，要么是现实发展空间真的封闭，要么是目光狭隘只会"向内看"，所以面临着"谁也出不去，只有一条活路可走"的局面。但当下的职场其实是相当开放的，一时一事的得失与大目标相比都不值得太计较的。职业道路很漫长，一时不顺总会有机会扳回来的；大不了换个地方，市场之大总有容人之处的。这些道理其实大家也都明白，只不过身在局中的时候仍然容易困惑，所以常谈常新。

## 案例 4-2 　忍气吞声还是谋求变动

S是科室1的科员，在科长K休假期间，与科室2的科长D建立了良好的关系。K休假回来后，S发现K人品不好，与之保持距离；D因科室工作任务繁重人员有限，遂向主管领导W申请将S调入科室2，但是未能得到科室1主管领导G的同意，此事以科室1分担了科室2的一项重要工作任务而告终。对此K感到非常恼火，迁怒于S，对S的态度更加恶劣。S早就对K感到不屑，如今也是心生去意，要不要主动找领导申请调到科室2呢？

## 故事

故事涉及多个人物，首先交代一下主要人物的基本信息及事件的背景。

S：女，26 岁，科室 1 的科员，职场新人，入职不到两年。

K：女，39 岁，科室 1 的科长，在 S 刚进入科室 1 一个月的时候就开始休产假，由于是高龄产妇，从发现怀孕一直休到孩子 7 个月的时候才回来上班，因此，在 S 入职之后的一年半时间里，S 与 K 科长没有什么接触。

H：女，36 岁，科室 1 的副科长。

D：女，42 岁，科室 2 的科长。在 K 休假不在岗期间，H 和 D 对 S 都非常照顾，工作及生活上的接触都比较多，在单位里也是结伴吃饭、空闲时结伴遛弯，相处愉快，有些"小团体"的意味。

G：男，分管科室 1，单位的副职领导。

W：男，分管科室 2，单位的正职领导。

科室 1 的人员配备比较齐全，S 经过一年半的熟悉和学习，基本上承担了科室 1 的所有基础性工作；科室 2 的人员比较少，而且都是老弱残兵，很多工作的重担都由 D 科长一人承担。

在 S、H、D 和谐度过了一年半时间之后，K 休完产假回来了。

K 的人品不太好，喜欢在各种场合、在领导和同事面前说别人坏话，俗称"嚼舌头"。当然 S 也难逃她的毒舌。S 在领教了 K 科长的"缺德"功夫之后，选择与 K 保持距离，除了工作尽量不跟其有任何私人往来，同时相信清者自清，每个人的人品周围明眼人都是能够看得到的。

D 非常喜欢和欣赏 S，而且 S 的专业方向与科室 2 的业务也非常对口，所以 D 跟其主管领导，也就是单位的正职领导 W 主任提出，希望把 S 调到科室 2 来。W 主任非常看重 D 科长，所以答应说跟分管科室 1 的副职领导 G 主任商量一下。

G 主任认为，S 在科室 1 承担着重要的工作任务，不想把这个刚刚培养出来的员工拱手交给其他科室，所以拒绝了 W 主任。W 主任于是建议调整科室工作的分工，将科室 2 的一项重要工作内容转交给科室 1 来负责，以此来减轻科室 2 的工作压力，G 主任只能接受。

K 科长知道了这件事之后非常恼火，怪罪 S 跟 D 科长走得太近，所以才会导致对方想挖人。最后人虽然被分管领导留住了，但又不得不接受本不属于自己科室的工作任务。接下来 K 对 S 的态度更差了，总是无缘无故找茬儿刁难。

S 感到非常无奈，有种"躺枪"的感觉，不知道应该如何处理。

## 问题

S 今后是忍气吞声还是跟 K 摆明立场、撕破脸，让她知道自己不是好欺负的？或者干脆直接去找分管领导反映问题，自己也主动要求调整科室？

## 见解

### 观点一

我觉得 S 还是应该首先从自身认真找原因。在单位里，特别是体制内的单位，与相关领导只保持工作关系即可，没有必要有太深的私人关系。如果与其他科室的领导过从甚密，引起本科室领导的不满也是很自然的，尤其是女领导比较敏感，心胸较为狭窄的居多，更是在意小团体的问题。所以，S 应该注意与 D 保持距离，只维持工作上的关系即可。

关于调科室的问题，由于之前大领导出马都没有成功，S 自然是不能再去找领导了，否则会越闹越僵。建议 S 主动与自己的科长 K 沟通，诚恳分析自己之前存在的问题，并表示今后会安心在本科室工作，并承担起从科室 2 调整过来的工作。

关于站队的问题，可能由于我所在的政府部门的性质与其他职权部门有差距，我认为没必要选择站队。与其把心思花在这上面，不如好好钻研业务，形成核心竞争力，这样所有领导都不会忽视你的存在，甚至还会求着你干活儿。与各位领导保持适当的工作层面的距离、干好本职工作应该是最好的选择。

**观点二**

首先，分析一下案例中的两个主要人物吧。

S的主管领导K：K人品极差，说人坏话，是个"毒舌妇"。从另外的角度讲，人品极差还能做到科室领导的位置，说明她还是有自己的独到之处的，要么能力特强，要么有背景，要么会拍马屁，总之都是本事的一种吧；到处说人坏话、毒舌的人，通常本人都不够自信，怕别人比她强，心态不好，自然不大会维护下属，也很难搞好科室间的团结，说明其领导能力是存在问题的。

主人公S：S是职场新人，承担科室的所有基本工作，性格较好。一方面，S作为职场小新人一枚，能在短时间内承担起科室所有的基本工作，说明其工作、学习能力较强；另一方面，S能得到本科室副科长H和科室2的D科长的照顾，并都有拉拢的意味，说明S的性格比较好，也间接证明了S的工作能力有目共睹，得到广泛认可；但是，S作为科室1的人，却与其他科室的领导走得很近，说明其处事还不够成熟，处理人际关系的能力还有待提高。

其次，给S提点建议：

第一，S在K手底下做事，活儿多，属于科室1的顶梁柱，但K还不帮着S说话，反而说坏话，使得S的积极性受挫，等于变相激励S不为自己出力；如果S与科室其他人员相处较好，那就联合其他成员孤立K，时间久了，单位领导也会意识到自己选人用人的问题，考虑对科室的负责人进行调整。

第二，S负责科室1所有的基础性工作，离开了S，想必科室1的正常运转都会出现问题，这样的话S可以不时地提出事假、病假，让K意识到S在科室中的重要性，改善对自己的态度。

第三，S即使有再多怨气，也不能直接去找主管领导，因为领导需要的是听话、本分的员工，不喜欢越级打报告、给自己领导告状的员工，科长K再不好也是经过领导班子同意选出来的，向领导提出K的不好，事实上就是在质疑单位领导班子的能力和眼光，领导肯定不爽，S就更没法达到自己的目的了。

### 观点三

看完这个故事，我觉得S首先犯的一个错误就是没能与自己的直接上级领导即K保持良好关系，从描述中可以看出，两个人是属于谁也看不上谁的状态，K觉得S吃里扒外，对自己不忠；而S也觉得K人品差，刻意与其保持距离，最终形成了僵持局面。

作为年轻人，刚入职的时候肯定要从基础工作做起，而S正好有了这样一个机会，也很快地承担起了科室的基础性工作，S对此应该感到庆幸。但是很遗憾，S似乎有点骄傲了，有点急于求成。在工作中，仅仅熟悉业务，哪怕成了专家，也仅仅是干工作而已，要想成为领导或者部门不可或缺的人物，还需要提高自己的沟通能力、协调能力和为人处世的能力。很显然，在与科长K的沟通和相处方面，S就做得很不好。

我给S提出以下两个建议：

第一，S应尝试主动与K进行沟通，试着去从积极的角度去认识和评价K，我觉得K能成为科长还是要具有一定能力的，而不像S想得那么简单，在无法调动部门的情况下，S必须与K解决好关系。

第二，如果S实在无法与K沟通，建议去找W谈谈，表明自己想更换部门的意愿，客观描述K对自己的种种不公，表达自己不想因为自己与K的不愉快而影响工作的想法，争取获得W的理解和支持。

### 观点四

读了案例，我觉得S明显对K有成见和怨气，这样对于自己的发展其实是不利的。作为职场新人，S应继续做好本职工作，避免卷入职场是非，任劳任怨，等待机会。若是真的忍无可忍，那就无须再忍吧，但一定要先找好退路，争取到一把手的支持，并且想好自己是否能承受最坏的结果。具体分析如下：

第一，职场是除家庭生活之外最重要的场所了，每天工作的 8 小时，都在职场中。俗话说"路遥知马力，日久见人心"，作为刚入职场一年半的新人，以 S 的个人阅历其实未必真的看明白了 H、D、G、W 之间的关系，以及各自的人品及私人恩怨情况，建议 S 置身事外，尽量不卷入私人恩怨和内斗中。

第二，工作既然是在职场中，就应该以工作和业务为重。入职的新人尚处在职场的基层，基层的特点（或者说职场对其的要求）是坚实可靠，基层中的人最好能"不知不觉"，将任务和要求按照既定的规范不折不扣地贯彻执行就可以了。至于到底去哪个科室工作，在这种情况下，建议听领导的统一安排和部署。如果是继续待在科室 1 同时又接受了科室 2 的那项重要工作，建议 S 先将工作承担起来。对于 K 的指责甚至找茬儿，要摆正心态，有事说事，平常心对待就可以了。

第三，如果在处理好工作的情况下，K 仍然无事找事，各种刁难，建议 S 在想好退路的情况下再摆明立场。以我的经验，在基层新人和中层之间，高层永远是会倾向于中层的（当然有强大背景的新人例外），一旦撕破脸，即使高层明白事情的原委，也仍然会偏向于中层的。因此，建议 S 在决定放手一搏之前一定要想清楚。若想不撕破脸又达成更换科室的目的，S 必须想办法争取到 W 的支持，因为 W 是单位的一把手，其他的就不用我多说了吧。

**观点五**

首先，我认为需要分析案例的主人公 S 存在的问题，然后在此基础上提供解决方案。

第一，在 S 的自我陈述及大家的讨论中，主要将火力集中在声讨科室 1 的领导 K 上，如人品差、喜欢讲别人坏话云云，并在此基础上提出如何"治"这种领导的方法。但不能忽略的是，"K 人品极差，喜欢在各种场合、在领导和同事面前说别人坏话"的所谓"缺德",是基于主人公 S 的主观评价,至于这种评价是否客观就值得质疑了,因为我们能明显从案例故事的叙述措辞中体会出 S 的不满乃至愤恨的情绪,可以想见其对领导 K 的怨气很重。但是我注意到,故事的开篇明确提到 S 与 K 科长没有什么接触,甚至工作上的往来都是在入职一年半之后,K 科长休假回来才开始的,那么这种言之凿凿的评价是从何而来的呢?我不禁有了这样一种揣测,对于 K 科长这种负面的情绪,很可能来自副科长 H 和另一位 D 科长。如果是这样,那么 S 的问题就显而易见了,不自觉地受到了别人的"误导",严重影响了自己的判断力,因为"马太效应"是确实存在的,尤其是对于人际关系的处理。此外,从 S 同学最后的发问来看,应该是一位非常容易"激动"的同志,只能想到"忍气吞声""撕破脸""好不好欺负""直接找领导"等方案,思考问题略显直接,为人可能也是属于仗义执言的那类,再加上年轻,因此更容易被别人的情绪所诱导。这是 S 存在的首要问题,直接影响着事件后续的发展。

第二,对于 S 在故事中对自己行为的一些描述,从旁观者的角度,已经是非常有问题了,更何况是对于其直接领导——科长 K。对于 K 来说,S 这个下属不但跟自己的副手以及其他科室的领导搞"小团体",还因为她的原因增加了自己科室的工作量。我想任何一个领导,包括将来 S 成为领导之后,对于这样的下属都无法喜欢起来吧?因此,K 科长找个机会敲打一下 S 也是情理之中,只不过在心怀怨气的 S 看来更像是"找茬儿"罢了。既然 S 对自己的行为的隐患也挺明白的,那么就应该预知自己的处境。

第三,S 的态度也是一个很大的问题。一方面,她的备选解决方式竟然有"撕破脸"。在我的印象中,课上讨论的诸多案例中不止一个主人公想过"撕破脸",我对此表示无言以对,这种选择态度之强硬,方式之暴力,在体制内机关单位的大环境下无疑是自寻死路。另一方面,备选方案二是直接找主管领导要求调动,这种方式也是很幼稚的,没有一个领导喜欢给自己找事儿的下属，更何况在上一次尝试调动时，主管领导已经明确表明了不同意调动的意思，如果再以同样的问题纠缠下去，主管说不定会对 S 产生很大意见。因此，无论是"撕破脸"还是"越级申请"，都不能从实质上解决任何问题，还在无形中影响了 S 今后的前程。

其次，针对 S 同学存在的上述问题，我提出的解决方案有以下三点：

一是找准定位，安心工作。作为一个刚刚入职不到两年的新人，即便表现再出色，再能得到领导和同事的认可，从眼下来看，因为工作年限的原因，都无法有事业上的跨越式进步和职位上的突破（除非遇到极为偶然的机遇），时机未到时，"是龙得盘着，是虎得卧着"。因此，S 一定要找准自己的定位，本本分分干活，踏踏实实钻研业务，努力长本事，形成无论谁也抢不走的核心竞争力，这才是将来职业发展中的决定性因素之一。

二是调整心态，冷却"关系"。对于现在的 S，无论是和 K 的"冷战"还是跟 D 的"热乎"，都需要静下心来冷却一下。一方面，"小团体"是不应该有的，尤其是作为一个下属跟领导搞"小团体"，最关键的还不是跟自己领导，用当下流行的一句话讲，简直就是"no zuo no die"啊。何况这样的"小团体"，对于团体之外的人，都不是什么让人愉悦的元素，而且在不知深浅的情况下很容易"被站队"，稀里糊涂的就被别人当成了"敌方战友"，得不偿失。另一方面，对于跟自己领导的相处，也必须得过且过。以我个人的经验来看，不能对领导要求过高。领导对你好、认可你，就当赚到了，且行且珍惜。相反，领导对你一般，也不要有怨言，老老实实干自己的事情，至少领导不会专门去害你，因为没必要；在机关的大环境中，你对于领导而言没有任何竞争力，不值得"出手"。

三是看清形势，适当站队。一直以来，我从来不认为必须要站队，比如你跟谁都相处得很好，或者是跟谁都平淡，也是可以的，而且比站队好。后来经过大量的事实认证，我感觉站队是不可避免的一种生存模式，甚至有人跟我说过，你不站队，就不会有人把你当成自己人，于是你对于任何人而言都是局外人。但是一旦你决定站队，那么你的辨识能力就非常重要了，一方面看眼光；另一方面凭运气。因为职场如球场，世事难料，所以"适当"站队就比较中庸了；当然，如果能做到跟谁都"暧昧"，那就是前途不可限量啦。

**观点六**

非常感谢同学们给我做出的分析和提供的建议，我就是那个 S。针对我提出的案例，根据自身的体会和思考，并结合同学们集体的分析和出谋划策，有以下几点想法供大家参考。

第一，在机关工作，和谐的人际关系是非常重要的，即使只是表面上的和谐。所以，我原本赌气想要跟科长撕破脸，把关系弄僵的想法是完全不可取的。无论如何，我首先要做到理智地对待与科长的关系，不能因为一时的情绪而影响了工作。

第二，关于大家提到的"抱大腿""站队"等问题，我认为从现在的处境来看，我们科长真是"抱不得"的，她的个性颇为古怪，即使主动向她示好，站到她那队去，她也不会真正把我当作她的"兵"。D 科长比较受领导重用，接下来很快会有去下属企业任职的机会，科室 2 人力不足，老弱残兵的情况显然急需人手。同时由于两个科室的业务的相关性，接下来我还是会有很大的机会被调到科室 2 的。因此，无论从当下来说，还是从长远来看，对我自身发展比较好的选择都是继续跟副科长以及科室 2 的 D 科长搞好关系。站到一支本来就人缘比较好的队伍里，或许对我来说才是最好的选择。

第三，之前直接找分管领导谈话的想法是极其不成熟的，用我们课上所学的道理来说就是"越级"了。领导也不会真正重视一个基层科员的要求的，对他来说，我能够保质保量地完成基础工作才是最重要的。所以，就如同学们建议的那样，我现在最关键的就是要踏实工作、好好修炼自己，用工作成果来证明自己的重要性。

## 总结评述

这个案例比较有意思，人物众多（特别是女性），关系复杂，既涉及纵向层级关系，又涉及横向的部门关系，而且工作关系和私人交往又纠缠在一起，真是够热闹。好在大家给出的分析和建议还是非常理性和中肯的，故事的主人公 S 最后也现身说法，为我们讲述了事情的进展和结果，所以这是一个相对完整的事件，还是很有启示意义的。

在各个观点中，观点五的论述得到了大家的一致认可，显然这是一个职场"前辈"的经验之谈；虽然略显犀利，但是鞭辟入里，对于与 S 有类似经历的年轻人而言，非常值得好好学习和借鉴。

最后，就这个比较典型的案例再做一点总结吧，那就是在职场中尽可能保持理性；树立"我来工作的目的是凭劳动换取收入的"这样的观念，就不大容易把私人交情与工作沟通纠缠在一起，也就不会去特别在意他人对自己的态度和看法。这里不是全盘否定与同事甚至领导做朋友的可能性和意义，而是说在行为上一定要保证一个基本的底线，不然就会带来很多困扰和麻烦。在工作中完全不掺杂个人的情感因素确实很难，所以工作习惯一定要严谨（无论体制内还是体制外），待人、办事尽可能按该走的程序来，与工作交接、协调有关的事务一定要有书面记录，诸如邮件、通知、备忘录、工作单等工具都可以发挥作用，若非迫不得已的紧急情况，尽量避免通过私人沟通来解决。总之，严谨的工作习惯既是对自己的保护，也是对他人的尊重。

# 案例 4 - 3　进退两难的尴尬

在外企工作的小 A 与新的部门主管相处不睦，准备换个部门并且找到了接收方，小 A 的团队领导也支持其决定，但是部门主管却不置可否，迟迟不予批复。由于离职想法已经"暴露"，小 A 很少再接触到核心业务，也几乎没有培训机会了。对此小 A 感到焦急又无奈，准备消极怠工"被离职"，彻底离开公司。除此之外还有没有更好的办法摆脱困境呢？

## 故事

小 A 在一家外企工作。一年半以前，小 A 所在的部门空降了一位新主管，其工作重点就是给大老板写报告。由于和新老板磨合等问题，老员工陆续离职或者更换部门。目前部门里比小 A 早来的只剩 5 个人（本来有 30 多个人）。小 A 的性格是快人快语，有啥说啥，属于说话不带拐弯的那种，所以跟这位好大喜功的新主管也发生了几次不快。

今年初，小 A 开始寻求换部门。由于现在的部门属于核心部门，而且别人对小 A 的能力也算认可，所以小 A 很快就找到了愿意接收的部门。小 A 先找自己的"师傅"（团队领导）咨询其关于换部门的态度，师傅很支持，觉得虽然小 A 走了的话业务上会有困难期，但是觉得个人职业生涯更重要，因此同意小 A 换部门。

接下来小 A 找主管商量换部门的事情，但是没有说自己已经找到接收部门了，只是先试探性地了解其态度。起初主管态度强硬，表示要么离职要么留在现在的部门；后来态度有所缓和，但是借小 A 想换部门的事情把小 A 的师傅给数落了一顿，理由是其业务分工有问题，才造成小 A 想换部门，这使得师傅比较不爽。

对于小 A 的调离申请，主管现在一直拖着，也不给正面回答，总说"再待半年"。小 A 现在的处境就是想换部门又走不了，而且主管知道了小 A 想走人之后，便不再给予培训机会什么的，师傅知道小 A 想走人，于是也不怎么让其做核心的业务。

小 A 是打心眼里瞧不起这"主管"，实务没干多少，天天只会给大老板写报告，还把部门整的乌烟瘴气，有能力、有想法的老员工几乎都走了。再就是单位的官僚主义比较盛行，论资排辈很严重，很多业务凭一己之力是推进不下去的，但是主管从不出面。

小 A 现在的策略就是，隔三差五地找主管说说换部门的事，也做好了最坏的打算，一旦撕破脸皮就不做业务闲待着，等着被开除拿赔偿金或者直到自己找到合适的工作走人。

## 问题

小 A 还有什么其他更好的应对策略吗？现在该如何处理和师傅以及主管的关系？

## 见解

### 观点一

首先，分析一下小 A 目前策略中存在的问题。

第一，在与老板相处过程中，小 A 显然是将自身的优势转变为劣势了。小 A 清楚自己的性格是"快人快语，有啥说啥，属于说话不带拐弯的那种"，而顶头上司的性格是"好大喜功"。小 A 快人快语的说话风格可以显示出一个人直率、明快、单纯可爱有激情、与人沟通简单没心机，这是这种性格上的优势，但劣势也是有的，那就是与人说话时可能会来不及换位思考，容易刺痛性格敏感的听众的神经。从故事中分析，小 A 与主管发生的几次不快主要是因为沟通中的不愉快造成的，应该没有涉及原则上东西；主管与员工本身存在着地位上的不平等，很可能是小 A 本身对主管"好大喜功"的这个特点比较厌恶，不自觉地在与其交流的过程中发挥了自身性格的劣势，快人快语的刺激到了主管。我认为下属在与主管的交流沟通中，应该明白"胳膊拧不过大腿"的道理，即使自己是占理的一方，如果数次与老板发生言语上的不愉快，也会导致自己在一个单位或团队中难以正常开展工作。每一个人都有可能在工作中遇到不喜欢的上司或老板，与这样的领导相处不外乎两种选择：一是继续忍让，牺牲自己的感情与一个不喜欢的领导共事；二是索性离开，挑选一个自己更喜欢也更适合自己的环境去发展。小 A 的选项也是如此。

第二，小 A 在选择离开时没有处理好与第三方的关系。从故事介绍中可以看到，小 A 与"师傅"的私交不错，个人感情也很好。但是小 A 忽略了一个问题，那就是小 A 所处的部门是"核心部门"，处理的是比较重要的工作，而且小 A 的能力也是有目共睹，在团队中应该是一个主力成员，而"师傅"作为团队领导，从团队工作和团队利益最大化的角度考虑肯定是不希望小 A 离开的，能够同意说明这位师傅还是很通情达理的，但是小 A 的做法肯定不妥。首先，小 A 直白地告诉"师傅"自己的底牌，会使"师傅"对小 A 产生一种本能上的疏远；其次，主管把小 A 换部门的事情归咎于"师傅"，使得"师傅"这个第三方在两边都很为难，导火索就是小 A 调换部门的事情，再加上要培养新人接手小 A 的工作，"师傅"不再安排小 A 做核心工作也在情理之中。我认为在公司这种复杂的交往环境中，在自己调动之前一定要低调，不能轻易把想法透露给其他人，而是要做好保密工作。

第三，小 A 在矛盾僵化时错误地丑化了自己的形象。小 A 所在的公司为外企，人力资源部门对员工的考评机制应该是比较严格、全面和具体的。小 A 目前选择的是消极怠工以及天天给主管添堵的做法，而且有"一旦撕破脸就等着被开除或者走人"的"最坏打算"。表面上看被开除可以拿到赔偿金，在经济上得到补偿，但我认为"买的没有卖的精"，在如今这样一个信息高度互联互通的时代，如果小 A 选择了这样的方式，那么小 A 的所作所为必然会被记录在企业的"黑名单"里，或者在人力部门的资料里被记录上负面的一笔。对待工作采取极端的方式，只会对小 A 的个人形象、声誉、信用产生不好的影响，下一家用人单位难免会担心小 A 在遇到类似的问题时采用同样的极端手段。

基于以上分析，我给小 A 提出以下建议：一是打消离开公司的念头，将与主管的不快暂时搁置，在现在的本职岗位上好好工作，换得主管与"师傅"的再次认可，留下工作或者直至出现合适的时机再调动。二是选择痛痛快快的辞职，选择一家新的更适合自己的公司和岗位，别再浑浑噩噩的耗下去，年轻人可以全力以赴的为工作打拼的时间很有限，未来的生活和工作中有更大、更重要的责任需要小 A 来承担，真的耗不起。三是再遇到类似的事情时一定要从这次事件中吸取教训，不要轻易与自己的直管领导交恶，此前有那么多调走的同事，哪怕先向成功调走的同事取取经呢，也不至于到今天这个尴尬境地。

**观点二**

读了这个案例，我非常同情小 A，我的建议是——独善其身，业精于勤，分而治之。

先谈谈我对小 A 采取的应对策略的看法。从小 A 目前的谈判策略来看，根本目标是离开该部门，而导致这一选择的诱因是主管不才，即小 A 认为新的部门主管不是一个出色的领导。从老员工纷纷离职或更换部门、个人与主管言语冲撞等描述来看，小 A 已经给主管贴上了一个"不是好领导"的标签，从心里和行动都开始抵触。就此，小 A 也做了最坏的打算。这一矛盾长期不可调和，直接影响到小 A 的情绪。而对主管来说，小 A 只是几十分之一的员工，对其影响很小；换言之，小 A 在主管的眼里可替代性很强，还没有到在业务上非用小 A 不可的地步，培训机会更是给谁都可以。随着矛盾的激化，小 A 的师傅也无意被拉进来。可以想见，这位主管的个人胸怀确实不够宽广。当直率与狭隘相遇，哪方占有利位置，哪方受损失就较小，小 A 显然处于下风。因此，小 A 目前所采取的应对策略绝非明智之选。

其实同样的困境我在之前单位也遭遇过，因为与中层领导教学主任的冲撞，导致教学主任经常检查我的工作（课堂常规、学生习作、学生管理等），一旦发现问题就直接上报校长，最终导致自己的几次学习机会被拿下，到最后校长找我谈话，准备给予口头警告处分。幸运的是，校长说完这话不到两天，就被调往另一所学校了，我的危机也暂时得到化解，但这件事情也给我上了重要一课，一些经验供小 A 同学参考。

第一，转变态度，以进为退。如果未来一段时间还要在这个不友好的环境中工作，而且很难出现转机，那就不如从改变自己开始，努力做到不再爆发冲撞或者激怒主管和师傅，不让人事矛盾影响心情，进而让自己的负能量增多；尽量主动去跟老板和师傅谈话，表明自己年轻不成熟，很多事情处理不够妥当，希望领导和师傅多多指点。与主管和师傅相比，小 A 作为一个年轻人和身处劣势地位的人是最易改变的，或许这样的态度改变，能将这一个死局救活。即便更换部门或者离职，也有望皆大欢喜。

第二，保持自己的核心竞争力，以不变应万变。只要自己的业务能力过硬，无论最终更换部门，还是离职另谋新主，都不愁在单位立足。同时，只要自己业务精干，同事都比较认可，如果领导还因此故意不给学习机会或者不给业务做，那么公道自在人心，大家也会看在眼里。切忌因为赌气就开始消极怠工。

第三，危机是"危"与"机"并存，择其善者而从之。在无法改变现状的情况下，必须要认清自己的处境。如果主管坚持采用各种手段逼迫小 A 离职，这时作为一个有贡献的员工要有勇气自己维权。所以这段时间特别要留意主管的举动，这些将关系到自己可能的维权是否成功。或许可以经过总公司大老板的调配，安排自己到其他部门，如果这个部门不是小 A 的理想部门，那么又会将自己引入另一个窘迫的境地。所以相比维权，另谋新主或许是目前最应该做的，一个员工在外企的成长发展黄金期通常是 3 ~ 5 年，以小 A 目前的能力和经验，去到另一家大型外企也不是没有可能。

至于如何处理与师傅及主管的关系，建议分而治之，冷热相配。对师傅还是应该热处理，主动向师傅释放友善信号，毕竟师傅是小 A 的业务方面的直接相关者，与师傅站在一条战线上合情合理，无论去留。而对主管则建议冷处理，保证不激化矛盾。不必隔三差五找主管说换部门的事情，自己的兢兢业业或许会改变主管的态度，纠缠只会让事情更糟糕。小 A 的工资待遇、职业发展还是与业务密切相关的，因此只要师傅包容，即便主管不给学习机会，师傅还是可以给业务做的。当然，如果师傅非常在意主管对他的迁怒和指责，那就都冷处理吧。能控制和改变的，也只有自己了。

**观点三**

我们课上讨论的问题多与职业发展有关，在企业中的职业发展有一些共性特点，我觉得小 A 有必要先有以下一些基本认识：

（1）个人应该保持积极的态度。在所有因素中，只有"自己"是最可控的因素。在面对问题时，可以选择积极或者消极的态度。在绝大多数情况下，积极的态度才是正确的选择，有助于发现更多的出路。

（2）自我成长是出发点。不论在政府机构还是企业，自我成长才是最应该被重视的。自我成长与收入一般是正相关的，而且能为企业带来更大的价值，如果现在的环境已经不具备自我成长的条件，变换环境可能是一个更好的选择。

小 A 身在外企，在考虑职业发展的问题时还应该多考虑一些因素。

（1）对公司的认识。外企与中国传统观念中的"铁饭碗"工作不一样，外企职位的"家庭属性"小很多。说得直白一点，企业与个人是简单的雇佣关系，不要指望以企业为家，更不要期待人与人之间总是充满温情。

（2）对上司的认识。好的上司可遇不可求。根据彼得原理，位于现有管理职位的人很可能是不胜任的。因此，尽管员工都期待有一个完美的上司，但事实上是基本不存在的。因此，管理实际上是双向的，员工个人出于自我发展的考虑，也需要考虑适当对上司进行"管理"。

（3）对同事的认识。同事之间往往具有某些竞争性，但因为企业中个人业绩的评定通常与上司的相关度更高，因此，还是应该更加关注本职工作和对上关系。同事之间当然要保持良好的关系，尤其是对前辈，他们往往可以给出很好的指导和建议。从人脉的角度来看，同事和上司都是人脉的一部分，应该尽量保持良好的关系。

（4）第三方。第三方可以包括公司的人力部门、工会、劳动保护组织、公司指派的独立律所等。第三方机构可以对员工提供最基础的保护，尤其是在劳工关系涉及合规领域的时候。很多时候出于"关系"方面的考虑，大家都不希望动用第三方的力量，但往往第三方的干预还是有效的。

以上是一些具有较强通用性的看法，具体到小 A 面临的问题，提供以下几个思考的路径吧，希望可以帮到小 A。

第一，尝试内部归因。在进展不顺利的时候，个人都有外部归因的倾向，因此需要适度的考虑内部归因，分析一下自己是否存在某些客观上的问题。一般情况下，不论何种问题，当事人都应该或多或少承担一部分责任。从另外一个角度来说，自我调整也是个人成长的一部分。

第二，做好价值观分析。一份好的工作往往是公司价值观与个人的价值观相吻合；也就是说，理想工作的核心要素是组织文化与自己的三观一致。如果公司的使命愿景及价值观已经和个人目标相背离，那么个体在这个组织中是无法得到长远发展的。因此，小 A 需要认真分析一下当前企业的文化，看看自己是否认同。

第三，把眼光放长远一点，也不要把钱看得太重。如果不是快要退休的话，收入福利就不该成为职业选择的最重要因素，而应当是个人能力和职业发展的附带产出。因此，小 A 可以尝试剔除金钱在决策判断中的影响。

职业发展中遭遇问题难免让人气馁，但只有肯尝试才有改变的可能性。目前小 A 确实处于低谷，但是尽量不要气馁，可以大胆地寻找外援，或者干脆休个长假，都可能帮助自己看清问题并获得重新出发的动力。暂时跳出这个困局，也是解决问题的方法之一。

### 观点四

在外企工作的小 A 在谋求新岗位时遇到了不小的阻力，来自自己"师傅"和主管方面的反馈都很不乐观。我认为，目前的大方向是部门环境和现有工作都已经不再能满足小 A 的需求，所以换工作是一个合理的选择。小 A 目前的困境一方面来自部门主管，不愿放人还总是敷衍；另一方面来自做"老好人"的师傅，从个人角度考虑基本已经站在主管一边了。本来小 A 还可以从师傅这里得到些帮助，但是主管从中作梗，将小 A 的离职迁怒到师傅，结果在师傅和小 A 之间制造了裂隙，使得小 A 的个人发展更加困难。

对小 A 的遭遇我想到两个方案，方案一是小 A 自己根本上改变思维方式，努力成为内心强大且善于自我调节的人。静下心来在现有岗位上踏踏实实做好本职工作，对于工作环境、领导作风、同事氛围等置之不理，专心做好业务，其他的事情兵来将挡、水来土掩，任风吹雨打我自岿然不动，总之是不可以消极怠工，那样等于自毁前程。方案二是维护好师傅，争取在师傅的支持下换岗或跳槽。从案例中可以看出，师傅对小 A 还是照顾有加的，无论是道德上的纲常伦理，还是从人性可靠的角度考虑，师傅都是更值得小 A 信赖的。在目前的情况下，小 A 应当和师傅时时保持沟通，避免误会，再就是和师傅达成共识，尽可能防止主管的挑拨离间。

## 总结评述

案例中的小 A 是个很有个性的人，并且把这种个性带入到了工作中，而小 A 目前的困境与其个性不无关系。在诸多观点中，不乏对小 A 收敛个性的"劝诫"。事实上，人人都有个性，有些人锋芒外露一些，本也无可厚非，关键是恰当展现的问题。

值得特别注意的一点是，在讨论过程中，我们默认了案例对于部门主管的描述，将其定位在一个相对负面的形象上，这为我们的讨论提供了一定的便利性，但也容易让我们忽视另一种可能性，就是部门主管在他人眼中也许是另外一种形象。我们对于他人的评判往往基于感受而非事实，因此是带有很强主观性的。

在工作中习惯性地做一个"评论者"真的不是什么好事，因为评论本身通常不会产生任何有意义的正面价值，而是一个人眼界和技能都不够强大的表现；更糟糕的是，评论者大多不擅长动手做事，自己不动手自然就不知深浅，所以敢于各种评论，评论多了便不屑动手去做，结果就更做不好了……显然这是一个恶性循环。案例中小 A 认为部门主管"实务没干多少，天天只会给大老板写报告"，或许就是一种主观评论，因为"写报告"这种事情能做好并不容易。有时候我们下意识地会用有色眼镜看别人，认为那些喜欢跟领导交流的人虚伪、积极为领导做事的人是抢功劳；如果没有他们，我们就能得到领导更多赞赏……事实上，客观来看我们大抵都没有自己认为的那么好，而那些得到更多赏识和"实惠"的人，往往也确实比我们更强、更"出活儿"。

此外，小 A 认为自己说话不谨慎发了领导的牢骚，又向同事透露了跳槽的想法，所以才遭遇落井下石；其实直白一点讲，说到底原因还在这两点——小 A 不够让老板信任，小 A 的工作表现/成果是有缺陷的。第二点说来有些"残忍"，也是很多类似处境的人所不愿承认的，总觉得是客观局限导致了工作不够完美。但现实中就是以结果论成败的。还是那句话——我们工作是为了获取收入的，由此出发将注意力集中在工作上，并进行有意识地行为控制，或许很多事情就容易看开，也容易操作了。

# 案例 4–4　好工作的美中不足

A 在北京的一家事业单位工作，但是没有编制，是合同制员工，因此在福利待遇方面难免会遭遇一些"歧视"，比如为单位评奖尽心尽力地准备材料，结果因为没有编制，最终的奖金自己却没有份儿。A 为此感到很苦恼，总觉得低人一等，不时萌生去意，但对单位的其他方面又难得的满意。A 如何才能解开这个心结呢？

## 故事

A 是北京一所事业单位的合同制员工，单位环境和办公室的氛围都很好，但是待遇和地位与有事业编制的同事相比还是有一定差距的；从事业编制的同事的角度来看，大家都感觉单位已经尽可能地照顾 A 和其他合同制员工了，努力为合同制员工争取各种福利，但 A 有时候还是觉得在这个单位只是个干活儿的，低人一等。

以一次申报奖项为例，最开始的时候，单位领导仅仅简单告诉 A 准备申请这个奖项，A 本着对工作负责任的态度，从材料准备、归类、到最后的优化尽可能做到完美，在奖项所涉及的相关工作中提炼优势。最终单位评上了这个奖项，获得了 5 万元的奖励。然而，在年终的分红阶段，这 5 万元却只能给编制内的员工发放，A 由于没在编制中，领导也只是表示了一下遗憾，并没有其他的奖励和补偿。

A 明白，尽管自己为评奖付出了很多辛苦劳动，但是最终能够获奖，很大程度还是因为有单位这个平台。不过 A 时不时地还是会觉得不甘心，因为编制的问题，总觉得自己在这个单位没什么大的发展；要是换个环境又舍不得，毕竟单位和办公室的氛围都很好。再有就是，A 因为在这类事业单位待了一段时间了，专业技能基本就局限于现今的相关工作了，再去企业也比较有难度和压力。

## 问题

如果你是 A，你会如何选择呢？

## 见解

### 观点一

A 的情况跟我非常相似，说说我的经历和感受吧。

我原来在中央电教馆工作，教育部直属的一家事业单位，当时进去的时候是电教馆培训部主任亲自招的，后来主任升职到电教馆的副馆长了。同事相处得都不错，工作环境也挺好的，但是正如文中说的，我是合同制员工，跟正式编制的同事还是有点差距的。

我在电教馆工作 3 年后，选择了离职。原因很多，"同工不同酬"

是个因素，就是案例中说的跟正式编制员工有差距的问题，但不是我离职的主要原因。促使我离职的最大的一个原因是我看到了我的将来，还是这个样子，一成不变，所以我离开了，去了一家公司。这种事业单位确实很轻松，工作也不多，但是正因为如此，也在慢慢地消磨人的意志；如今我离开已经有几年了，也会经常跟电教馆的老同事们聊聊天，两相对比，我虽然在公司工作很累，但是未曾后悔过。

对于 A 的选择，我觉得应该辩证地看，如果 A 是一个女孩，追求比较安逸的生活，在待遇福利水平还好的情况下，建议继续在这个事业单位工作。如果 A 是一个想创一番事业的人，而且总有这种不平衡的心理，那建议 A 还是出来重新找工作。

另外还有一个建议是，事业单位在企业中都有一定的影响力，A 可以先在事业单位中积攒自己的业绩和人脉资源，差不多时候再出来到企业，企业都非常喜欢这样的人。

### 观点二

A 的最终选择取决于 A 是什么样的人，以及自己特别在意的是哪些因素，然后对号入座就可以了。我能想到的列举如下。

如果我是 A，我会确定自己的内心真正想要的是友好的环境还是公平的福利待遇，是工作氛围还是薪酬福利，如果不甘心因为编制问题限制了自己的发展，并且因此影响到对自己的认知，那么我会去了解一下单位中是否有日后转为事业编的机会，或者干脆就去参加事业编考试，努力成为单位的事业编员工；如果没有转事业编的机会了，那就果断辞职出去寻找实现自我价值的单位，并且努力提升自己的职业技能。

如果 A 是一个随遇而安、追求稳定的人，那么就继续待在事业单位里，恪尽职守，做好自己的工作，说不定会有解决编制的机会。

如果 A 是一个在专业技术上精益求精的人，那就继续待在这个事业单位，致力于借助平台提升自己的专业技能。

如果 A 本身经济条件不错，又觉得上下级及同事之间的和谐关系比工资待遇更重要，那就继续待在这个事业单位。

如果 A 喜欢攀比又不甘人后，时时处处心里不平衡，那么就离开这个事业单位，所谓"长痛不如短痛"，温水煮青蛙更痛苦，还不如立即前往企业去锻炼自己。

**观点三**

从案例描述来看，感觉 A 需要多做一些事情分散注意力，不要老想着编制的事情。几点建议：（1）做好准备，在单位招考编制人员的时候抓住机会考进来，这样就能获得编制、和其他人平起平坐、同工同酬了（不知 A 的单位是否存在这种情况哈），肯定也更有干劲了。（2）如果短期内单位没有招考计划了，那就在政策允许的范围内利用自己的特长，做一些兼职工作，获得额外的报酬，弥补自己在单位的奖励缺失。（3）案例中说，单位已经努力为合同制员工争取福利且工作氛围很好，这一点是非常难得的，因此 A 要调整自己的心态，提高自信心，只要努力把工作做好，就不会差人一等，别人也不会小看自己。（4）在工作之余学习其他知识，扩展多方面的技能，就算不得不寻找新的单位，也有足够的准备。

**观点四**

本人的工作角色和案例中的 A 很像。虽然现在正值事业单位改制，每个单位都尽可能让合同制和事业编的人相对平等，员工待遇的差距也在逐渐缩小，但客观上的差别肯定还是有的，制度造成的不公平也依然存在。刚工作的时候，很多事情心里都会觉得委屈，但是时间久了，慢慢地也就淡然了；以本人经历来看，事业编和合同制的待遇其实在本质上没有太大差别，关键在于你自己，其中的一些心得跟大家分享一下。

本人所在的单位是福利很好的单位，单位里分事业编、合同制和外包协议三种岗位类型。我是合同制员工，今年是工作的第 7 年。第 1 年为实习期，理论上我们单位实习期 1 年，基本工资 3000 元/月，不参与任何福利和奖项，当然也没有年终奖。但是，本人在实习期拿到了当年正式员工的超级福利，发了我年终奖，而且破格成为部门优秀员工。原因很简单，在我实习期的那一年，我几乎干了部门里所有的事情，单位其他部门需要我帮忙也是随叫随到。我在单位旁边的小区租了房子，每天晚上工作到 9 点以后才回家，每个周末和节假日都加班。那一年我刚来北京，没有朋友，就只有工作，很辛苦，可能当时太年轻，晚上回家的路上都不知道哭了多少次，每次伴随我的都是一首《水手》。正是有了"要做最好的自己"的信念，才支撑着我走下去的。慢慢地，年复一年，虽然工作做的没有以前那么多了，但是工作上的量的积累也就有了质的变化，大家有什么工作上的问题都会问我，很多时候也可以独当一面。每年我还都是优秀员工，该有的福利我都有，每年的年终奖拿的也是部门里最高的。单位里所有同事都很照顾我，对我印象也都很好。

说了这么多，我想大家应该知道我想要表达的了。要想不低人一等，就要平时多付出，所有的付出一定是值得的，总会有人看到你的努力的。当你的工作做得是部门里最多的，那么很快，你的专业能力也会是你圈子里最牛的；当你帮助别人多了，那么很快，如果你遇到了什么不公，自然也会有人帮你说话。如今我工作多年，又都进入大学攻读 MPA 的学位；可见每个人虽然起跑线不同，但是可以选择在任何时候加速，跑得快了，真的也就不在乎起点的差距了。希望我们都能不忘初心，不断前行。

**观点五**

首先，A 一定要调整好自己的心态。编制是客观存在且暂时无法改变的，所以不如调整心态平常心看待这个事情；编制的存在会导致收入有一些差别，但是不应该给自己差人一等的定位，至少这个单位的工作氛围很好，也有施展自己能力的平台（如领导将申报奖项的事情交给自己）。

其次，努力在现有的基础上寻求突破。如果内心实在介意编制问题，那不如在工作之余备考公务员和事业单位，这样就可以解决编制问题。至于目前单位融洽的工作氛围这一点，不必太过纠结，因为下一个单位的工作环境未必就比目前的差，如果顺利考走的话，也可与现单位的同事继续相处为生活中很好的朋友。

再次，虽然感觉这种情况的概率小一点，但也不是完全没有可能——如果现单位的事业编制招人，能够参加招聘考试进入的话，不失为最佳选择。所以还是要努力提升自己，当机会出现的时候，成为那个准备得最充分的人。

最后，就是做最坏的打算啦，如果以上计划都不可行或最终泡汤了，而且考虑到作为事业单位的合同制员工可能面临失业的风险，最好还是从现在开始拓展自己的专业技能，未雨绸缪。

个人意见，如果我是 A，我比较倾向于换另一份工作，但也不是去企业，我会在这个事业单位先好好干，把自己分内的工作做好，跟单位同事还是和此前一样相处，但是自己会利用业余时间去努力学习，参加别的事业单位或者一些机构的招聘考试，从而让自己的价值得到更好的体现。

**观点六**

首先，我想对 A 说：虽然你觉得遗憾，我却挺羡慕你的，因为我还在企业里和许多的优秀人才厮杀呢；事业单位和机关公务员的相关制度就是那个样子，很多事情不是领导可以操作的，案例中提到的这个例子，结局（只有编制内的员工有奖励）你应该也是理解和接受的，只是心里不太舒服。

目前，事业编制的人事制度正在改革，说不定你正面临一个机会呢。

其次，具体到案例中的问题，我有以下几点看法。

第一，领导的做法确实有些欠妥。领导在做一件事情之前，尤其是和金钱挂钩的事情之前，应该要对结果心里有数，做成了怎么样，做不成又怎么样，所以他在决策以及善后的时候应该慎重；比如申报奖项这个事情，如果除了 A 还有其他编制内的员工可以胜任，显然交给编制内的员工更合适，而不是 A。

第二，虽然与最终获奖直接挂钩的 5 万元奖励只能给编制内的员工发放，但是找些由头给 A 发点奖金或其他福利也不是不可以的，这个完全就是领导可以操作的；而领导却没有什么实质性的表示，感觉有点不会做事。

第三，编制这个东西其实也是可以操作的，比如增加编制的职数（虽然难度较大），毕竟有退休的、有辞职的、有调走的，总之机会还是有的，只是需要考虑的东西比较多，包括可以搬上台面的和不可以搬上台面的，A 需要好好斟酌一下。

第四，有些时候，选择比努力更重要。如果这个问题是我们班同学提出的，那么 A 大概率应该比较年轻（我们班好像没有年纪很大的同学），也就是说，A 在社会上摸爬滚打、全力奋斗的时间应该也就几年而已，所以案例中提到的"专业技能也局限于现今的相关工作，再去企业也比较有压力"就是多虑了。事实上正相反，现在转换路径还来得及，再过几年甚至十几年再想跳槽才是真的不大可能了。

第五，就算是去企业有压力，相比事业单位这个"银饭碗"，公务员这个"金饭碗"可能更符合 A 的心理预期，那么就利用毕业时的应届生身份去参加一下全国公务员统考吧，或者地方公务员考试也成，努力复习一下拼搏一次，就算失败了也并没有失去什么。

最后，假如我是 A，我还真没法回答这种假设性的问题，我不知道 A 的成长环境、家庭情况、经济状态……单凭案例中的这些信息还真没法做出决定，但有一个最关键的核心问题：你想要的到底是什么？

### 观点七

我想为 A 提供以下几点建议供参考：

（1）既然单位氛围很好，那不妨和领导、同事进行沟通，表达自己的困惑，听听他们的想法和建议，可能会有新的处理方案或信息；比如和直属领导沟通，表明自己虽然热爱这个集体、愿意为其付出，但是也希望获得和其他有编制的员工同工同酬的待遇。

（2）和父母、朋友进行沟通，获取他们的想法和信息，他们可能会有类似的经验，或者有其他职位的机会能够提供给你，总之比自己憋着生闷气要好。

（3）自己多去收集职位晋升等方面的信息，比如单位是否有转正机会、公务员考试的信息等；既然不甘于现在的职位和回报，追求自己更好的发展终归没错。

最后，选择辞职其实也是可以考虑的。原因有三：一是职位所限，目前能够获得的专业技能也很局限，一旦未来出现大的人事变动或者换岗，需要重新进入劳动力市场，那么 A 将会陷入很被动的地位，不管怎样，个人成长要比工作氛围重要得多；二是与领导沟通无果的话，表明自己在单位里也并非不可或缺，说不定是个随时会被替换的人选，不如趁着年轻有优势，去更好的平台打造自己的核心竞争力；三是事业单位虽然"稳定"，但也是相对的，"铁饭碗"已经不存在了，何况 A 还没有编制，就更不必纠结了。

**观点八**

对于两种不同的岗位类别，我想谈谈我的看法。

第一，体制内的编制是一种稳定的管理结构，这种管理结构既不会因为个人的努力而去凸显自我，也不会因为编制外的贡献而将其主动纳入其中。A 实际上的身份是参与市场竞争的一个责任主体，市场给参与者的回报是固定的，一个人和市场的交易不受到身边其他人的影响，换句话说，如果 A 是在真正的市场化机构（企业）中发挥能力，是可以要求获得相对应的回报的。但在体制内行政机构中（事业单位），其内部的管理机构是等级关系，且这种关系依赖于高等级的选择趋势。A 努力做了一件事情，但只有整个等级和体制环境也在与 A 恰好进行着同样的活动时，A 才有收益的可能，所以在这种情况下，A 的努力做好工作与其直接收益关系并不大。

第二，虽然在 A 离开这家事业单位后，短期的收入水平有可能会下降，甚至生活还不如一个普通的体制内工作人员。但是在进入到市场化环境之后，A 就可以依靠市场来达到自己的最优化配置。同时，A 在事业单位掌握的技能并非完全没有用，在市场环境下同样可以找到与在事业单位里业务相近的工作内容。当然，如果 A 目前掌握的技能完全无法适应市场化的需要，那就需要更快速的离开事业单位，否则将会陷入既不能获得体制内的福利收益，也无法获得市场化的能力收益的窘境。

**观点九**

针对这个案例我有以下三点感想。

第一，A 自身是合同制员工，由于待遇方面的原因，缺少主人翁意识，认为自己只是一个干活儿的。这种情况在很多体制内单位都存在，由于岗位性质的不同，在待遇和地位上就是会存在差异，如果 A 所在的单位确实无法改变这一状况，那么 A 就应该从自身想办法积极地解决。

第二，事业单位每年应该都有招考机会，A 可以了解一下相关信息，争取能考取编制（如果规则允许的话）；A 作为单位的内部员工，无论是在信息获取还是面试招录方面都会有一定的优势。如果暂时没有招考或者制度不允许通过这种方式转变岗位类型，那么 A 也可以积极地与领导进行沟通，展示自己在单位的贡献和优势，希望领导可以在有机会的时候多考虑自己，自己以后一定会更加努力地工作。

第三，A 最好能有更长远的规划和考虑，一个人不能只着眼于当前，要有长远意识，只有这样才能有更好的发展。A 因为在该事业单位待了一段时间，专业技能也局限于现今的相关工作，这对长期发展其实是很不利的，需要尽快打破专业限制、多方位充实提高自己，比如考取相关和其他专业的研究生等，为自己的未来发展铺路。只要努力付出，一定可以快速成长并得到回报的。

## 总结评述

在当前人事制度改革不断推进的情况下，这个案例主人公的经历和感受可以说是非常有代表性的了，很多人都正在或者正要经历类似的境遇，因此这个案例也是讨论最为热烈的几个之一；观点四分享的个人经历让人感动，观点六的全面分析则引起了大家很多共鸣。

案例中 A 的问题归结起来其实也简单——就看自己到底想要什么了！网络流行的一句话非常有道理：你不能既要、又要、还要……凡事没有十全十美，工作选择亦是如此。不可否认，我们时处一个焦虑的时代，职场中奋斗必然是一件很辛苦的事情；更残酷的是，很多时候我们并没有太多的机会进行选择，或者说选择空间没有我们想象中的那么大，不论做研发、财务、人事、销售还是管理，一定都是在各种约束和资源限制之下达成目标的过程。至于发展前景，在我们当下这个瞬息万变的时代基本上是一个很难看清楚的事情；曾经的巨头会在很短的时间内轰然倒下，看起来前途光明的创新产品和项目创意尚未发展起来就被完全取代，指望作为终身依靠的工作岗位说没就没……这些让我们或旁观或亲历的事件无不印证着这样一个事实——时代要抛弃你的时候，连招呼都不会打。我们能怎么办呢？唯有努力跟上时代的步伐——持续学习、储备技能、积累经验、保持好奇心和上进心、维系健康的身心，让自己的发展曲线尽可能延伸下去！

# 案例 4-5　当理想遭遇非专业指导

小 B 加入初创公司 A，期待着能搭建起公司的人力部门；然而，更早一些进入公司的 C 却总是插手小 B 的工作。小 B 按照大领导的要求，虚心向 C 请教并经常汇报工作，得到的却是各种挑剔而非专业指导。事实上，大家在公司管理方面都没什么经验，小 B 是否有必要继续留在 A 公司呢？

## 故事

A 公司基本上属于初创公司，小 B 负责公司的人力资源，小 B 自打进入公司就开始搭建公司的人力方面的架构。

在小 B 进入公司之前，A 公司有个员工 C，被公司领导作为总经理的培养人选，前期公司的一些组建过程他有参与，因此小 B 来公司主管人力之后，C 可能是觉得小 B 抢了自己的功劳和权力等，开始时不时地去大领导那里打小报告。因为 C 在公司的时间相对较长，大领导比较信任 C，于是对小 B 颇有些成见。大领导对小 B 说，C 是老员工，公司的事情要虚心请教 C 并且要汇报等，小 B 接受了大领导的要求，有需要汇报的事情都会事先通报给 C，而 C 却经常以非专业的态度去挑毛病。其实公司领导不是特别懂得怎么管理公司，小 B 和 C 也都没有管理公司的经验。

## 问题

小 B 当初加入 A 公司的原因就是想做出自己的成绩，搭建起一个部门，如今遇到这样的领导和同事，小 B 还有必要继续待下去吗？

## 见解

### 观点一

我觉得小 B 应该选择留下来解决问题，而不是一走了之，因为无论在任何公司，都会遇到类似的问题，都会遇到在某方面不专业的领导和不配合、甚至有隔阂的同事，逃避和放弃都不是长久之计。

在处理与领导和同事的关系时，小 B 需要充分了解对方的需求。对于领导，一方面，从人性的角度讲，人人都有自己的私心，对于和他共事多年的老员工，比较信任是可以理解的；另一方面，作为领导要平衡各方的关系，即使领导清楚小 B 的能力，也不可能完全放权，因为会考虑到自己的权力和其他员工的情绪。C 作为曾经的总经理人选，又是公司的老员工，对小 B 有戒备和敌意也很正常，因为小 B 威胁到了他的利益，人都是趋利避害的，因此，C 表现出的行为才会充满敌意，这一点说不定 C 自己都没有意识到。

要想改善目前的状况，小 B 首先要做的不是提高工作上的业绩，而是"笼络"人心，就是消除 C 对自己的敌意，站在 C 的立场上，做出帮助 C 的一些行为，让 C 感受到小 B 不是他的威胁，而是他的盟友。小 B 在生活上要主动关心 C，有时候一些不经意的小善举会让人觉得很温暖，于是慢慢在心理上化解敌意。工作中，小 B 可以主动问 C 的意见，让 C 感到被尊重和自己的价值感，这样 C 也就慢慢放松警惕了。对公司领导，小 B 不能公开表现出对领导专业能力、管理能力的质疑，但是可以用提建议的方式，从为公司考虑的角度提出。同时，小 B 遇到问题还要多询问领导的意见，请领导决策，让领导感受到被尊重而且还会觉得小 B 都是为公司的利益考虑。

在改变了沟通方式和处理事情的方式后，小 B 再去搭建自己的部门，很可能就是既有老员工的支持，又有领导的信任，工作就会顺利很多，想按照自己的想法做事应该也不困难。所谓"攻心为上"，未来如果小 B 真的做出了成绩，也不要树敌，尽量多找盟友。

### 观点二

我的意见：一是小 B 应该做好本职工作，在领导要求的基础上将本职工作做出亮点。二是应该调解好自己的心态，工作中难免有人与人之间的勾心斗角，可以对 C 的"挑剔"进行针对性解决。小 B 可以在做任何决定前都先想好，领导和 C 可能会提出什么"挑剔"的问题，对可能的问题或困难提前做好预案，并且自己做的各种制度建设、各类方案等都需要有据可依，不能想当然地去制定，这样很容易被抓到把柄。三是如果 C 太过于苛刻，可以想好对策，适当的有理有据地提出自己的看法，小 B 和 C 虽然有职位上的不同，但是人格都是平等的，应当保持自信，对于不同意见坦诚与领导沟通，表达自己为公司考虑的忠心，也坦诚表达工作推进中的困难。

总之，不能随便辞职，坚持下去才能看到希望；另外，也不要想着一下子就能搭建出新部门，做好眼前的事情，提升自己的实力和在单位的口碑，很多事都会水到渠成。

**观点三**

在这个案例中，我觉得 B 犯了一个职场大忌——刚空降到一个新岗位上，就迫不及待地大干一场，而不是先去摸清楚组织内部的复杂关系。在职场内有发展的前提是做出成绩，但做出成绩的前提则是在组织中成功存活。换言之，对一个岗位上的新人，尤其是对空降兵而言，最要紧的首先不是出彩，而是不出错。一旦出错，则老板会有三种考虑：（1）他能入职是经我认可的，现在出错了，我面子上挂不住，得迅速划清界限给老团队一个交代；（2）他刚来不久，在试用期内辞退他既节约成本，又避免影响业务，必须及时止损；（3）就算他有点小成绩，但这样的人才又不是没有，要是他再搞出更大的乱子才是真麻烦呢！哪种考虑对于这位出了错的员工来讲都不太受用吧。

有人会担心，老板既然聘请我过来解决问题，如果毫无建树，不也是没法存活吗？话虽如此，但也要分清先后主次。事实上，在面对入职新人时，老板最担心的不是他能力不行，而是难以融入团队。以我的经验，老板通常会对新人分出三档——上：既能快速融入团队，又能立刻做出成绩，这是最理想的情况，可遇不可求；中：能很好地融入团队，态度认真负责，但是出成绩稍慢，不过仍在试用期的可接受范围内，多加培养可以成为企业栋梁；下：刚一进来就和老团队发生摩擦，不成熟，即便能做出成绩也难保长久，更不适合团队协作。作为一个成熟的职场人（特别是中层管理者），要追求的应该是"保中争上"，切不可急于求成，结果做成了"下"。不过有的时候，做到"上"也未必是件好事。因为这会令老板的期望值迅速提升，一旦亮眼的业绩因为内外部因素难以为继，信任值就会直线下降。想想那些轰轰烈烈跳槽的明星经理人，在新企业中大都难以"善终"，很大程度上就是由于这个原因。

在明确上述指导思想之后，再来探讨老员工抢功劳这个问题。其实就这个案例而言，我作为旁观者，并不认为真的有"抢功劳"一事存在。因为在小 B 入职的时候，人力架构尚未搭建完成，而 C 转去负责别的工作，这些事实老板是明显知道的。既然尚未成功且只是初建，哪有什么功劳可抢呢？除非有这样一种情况，小 B 凭一己之力出了成绩，而 C 向老板邀功，说那些成绩是自己干出来的；倘若是这种情况，则老板要批评小 B 的应是"你来了却不干活，还得靠 C 做"，而非"你要虚心请教 C 并注意汇报"。因此，我倾向于认为，问题的核心不在于 C 的为人品性不佳，而在于小 B 的工作方法欠妥。

在做事之前，要详查环境，因时因地给出思路，这本就是应有之意。本案例中的公司 A 草创未久，团队相对不健全，人才本来就很有限，小 B 更该积极地向老员工求教，更何况 C 早期参与过相同的项目，同时又是下一任总经理的候选人，难道还有比他更懂得老板好恶、内部关系、战略重心的人吗？要是抛下这些因素不考虑，即便搭建出了一套人力架构，又怎能确定其行之有效、不脱离实际呢？因此，首先，小 B 要在心态上放平和，不要假定 C 对自己有妒忌和防范，认为他一定是为了报复而"抢了自己功劳""去大领导跟前打小报告"，继而埋怨老板偏听偏信，否则这个局就没法解开；其次，要多和老同事（当然包括 C）沟通，认真、全面地做好人力架构的搭建工作；最后，千万不要忘了汇报，不仅要汇报结果，也要汇报过程、思路。只有保持好沟通，才能尽早消除老板对新人无法适应新环境的顾虑，建立起信任。

说到沟通，针对这个案例，我想提供一个小窍门，即小 B 可以在老板面前多提及 C 的悉心帮助。很明显，从人际关系的牢固度而言，老板和 C 是非常紧密的。小 B 作为新人，与其分别单向发展同老板以及 C 的关系，不如融入这个核心管理层，这样既高效也持久。当然，这么做的前提是，必须从内心认可 C 并非对手，而是伙伴。我觉得人在职场中，诚然需要一点防人之心，但没必要将同事全部视为对手。更何况对新人而言，找到伙伴远比打击对手重要得多。

最后，事已至此，小 B 又该何去何从呢？我认为，与其走不如留。如果小 B 认同了问题出现的原因并非 C 和老板故意找茬儿，而是自己确有不妥之处，那么就拿出勇气、找到窍门去扭转局面，这才是成熟的做法。此时甩手而去只是逞一时之意气，既无助于锻炼个人能力，也有损自己在业内的口碑，并且短期跳槽的经历写在简历中更难称光彩。

如果小 B 留下来继续面对 C，还要解决"C 经常以非专业的态度去挑毛病"这个问题。在我看来，"非专业"是事实判断，"挑毛病"是价值判断。C 既然不是人力资源的专业人士，有"非专业"的意见是不意外的，但"提意见"不代表"挑毛病"。小 B 最好先摘下有色眼镜，避免认为 C 处处刁难。在目前的情境下，老板已经对小 B 的工作思路产生怀疑，那么 C 作为老板的得力助手，急于给出建议，也无可厚非。归根结底，小 B 仍然要不卑不亢地同 C 和老板做交流，适时分享个人观点，但千万不能自大、眼高手低。如果继续对 C 不屑、对老板失望，却又没有勇气触底反弹，重新赢取信任，那么最终受伤的只能是自己。

### 观点四

这件事情我认为应该分以下三个步骤来处理：

第一步，小 B 找个机会直接和 C 当面沟通现在的问题，表明自己的想法——想做出来一些成绩来证明自己的能力，其间以解决问题的态度沟通讨论。

第二步，如果 C 依旧拒绝沟通或者沟通之后还是我行我素，小 B 应当搜集一些工作上因为 C 的阻碍而带来问题的证据，叫上 C 一起，直接找 A 公司的大领导沟通问题并寻求解决方案。

第三步，如果上一步仍然改变不了现状，建议小 B 直接离职好了，不能正确对待人才和处理公司内部员工之间关系的公司，一般也是没有什么前途可言的，基本上都死在创业成功的半路上了。

### 观点五

我觉得小 B 首选的做法是辞职。原因有两点：（1）初创型公司的风险本来就很大，现在经济下行，指不定哪天还没做出啥成绩，公司就破产倒闭了；（2）初创型公司的领导却不懂管理，公司很难发展得好，没啥前途，如果小 B 去一家大点的公司，跟着经验丰富的领导去学习，应该更有前途。

当然，如果小 B 想继续留在这个公司，那就需要调整一下自己的工作方式。首先，要认清初创公司的创始人（或者老板）是这个公司最高领导；其次，认识到 C 是高于自己级别、资历更深，且也是对人力架构"负责"的人。在工作的时候请教 C 并向 C 汇报，对于 C 的挑剔可以问 C 应该怎么做，放低姿态表明自己刚来公司，对公司的事情不够了解，需要 C 的指导等。在向大领导汇报工作的时候，也顺带提及 C 给出的意见和建议，同时听取大领导的指导。

## 总结评述

这个案例涉及创业团队的合作与个人成长的问题，大家提供的各种见解以及对小 B 的建议都有一定的启示意义。因为小 B 所在的单位是个创业机构，所以这里就创业及合作中的一些关键要素再说几句。

创业领域有一个关键词叫"生态"，生动概括了创业成功并保持持续发展的条件，其核心要素是"CDE"，即包容（container）、差异化（differentiation）和交换（exchange）；联系起来讲就是，能够把有创业能力、资源和意向的人集结在一起，同时这些人是"不同"的，相对于性别、年龄、婚姻状态等人口统计学特征，专业背景、业务特长、职业经历、资源人脉等方面的差异显得尤为重要，因为这直接决定了最后一环——交换的效率和效果。从案例的描述来看，小 B 所在的公司显然在"差异化"这个要素上做得不太够，因为"其实公司领导不是特别懂得怎么管理公司，小 B 和 C 也都没有管理公司的经验"，据此推断，目前的创业团队应该是个资源贡献者和技术能手的集合，偏偏缺了至关重要的资质和能力都过硬的管理者。作为一个初创的公司，解决好管理问题，使公司尽快走上发展轨道才是当务之急；而目前的情况是，公司状况尚不稳定，仅有的几位工作人员却还在相互质疑，甚至"拆台"，作为旁观者都不免为之捏一把汗。小 B 作为公司中的年轻人，且渴望多学习一些技能、增长一些见识，处于这样的团队中，是该好好考虑一下去留问题了。

# 案例4-6  没有"背景"怎么办

　　小李在一家老国企改制后的股份制企业工作，通过申请、面试等渠道进入目前的A部门，工作一段时间后发现部门里基本都是"有背景""有靠山"的人，自己没少承担工作量，最后的考核结果却很差，薪资和年终奖自然也少了不少。小李心里很不是滋味，尝试申诉、换部门等，都没有太大效果，于是归因于自己"没背景"。小李真的没有出路了吗？

## 故事

　　某企业的前身是一家老国企，虽然现在已经改制为股份制企业，但仍然是一副国企的做派。具体表现为：A部门是相对来讲比较轻松的部门，所以这里的大部分人都是领导家属，某领导的夫人、某领导的孩子或者是某领导介绍来的，大多有这样的背景和身份，而小李是通过面试等正常渠道进来的。于是小李刚进入部门A，就有一堆人围过来问："哎，你干吗来这里啊？是不是×××（某领导的名字，小李完全都没听过）介绍你来的啊？……"小李表示很无语。

　　适应工作后，小李发现部门的工作量还不及自己之前工作量的1/10，而其他人的工作量更小，但是他们很会抱怨，并且很喜欢推活儿。好在这些并未影响到小李什么，小李对待工作还是认真负责、保质保量地完成的。让小李感到纠结的是，部门有年中和年终两个考核，其中，年中考核就只是考核，完全不影响薪资和年终奖，但是年终考核则是会影响年终奖和第二年薪资水平的。在部门里，小李的工作量不算最多的，但绝对能排在前3位，年中的时候得了个B，小李还挺开心的；但是年终考核的时候，小李的考核结果变成了C，前面得A和B

的人都是领导家属。这让小李很是郁闷，一度想要申诉，但是问了很多人，都说申诉根本没用。

自进入部门 A 工作以来，除了这个绩效评价以外，领导对小李还不错，同事间的关系也都还好。小李曾经想过要换部门，可是试过好多次，发现怎么换都是去做炮灰，说来说去就是你必须要有背景，要认识关键人物才可以……

## 问题

这样一个公司，小李还有必要再待下去么？对小李你有什么建议吗？

## 见解

### 观点一

基于案例的描述，可以看出这家公司有以下几个问题：（1）裙带关系严重；（2）部门员工工作不积极，推诿现象严重；（3）内部分配不公平，薪酬奖金是以关系和背景的强弱来评判的，没有激励机制；（4）企业已形成了较强的关系文化，短期内无法改变。

至于小李是否有必要继续留在该企业，主要取决于以下四个要素：

（1）薪酬。目前该单位支付小李的薪酬比之前的工作要高很多，还是差不多？

（2）工作环境与氛围。同部门的同事与小李的关系比较融洽，但是在工作中也存在其他员工抱怨、推脱、分配不均等问题，小李能否容忍？

（3）公司的发展前景。公司在行业或领域中的地位和发展前景如何？是越来越好还是日暮西山？

（4）其他因素。具体如家庭因素、上下班的通勤距离、子女教育方面的福利等。

如果当前公司支付小李的薪酬较高、公司发展前景较好，那么考虑到整体上的同事关系相对融洽，建议小李继续留下再工作一段时间。首先，当前国企深化改革，类似这样的企业也已经慢慢市场化，如不改变案例中描述的情况，提高效率，必将被市场所淘汰。其次，在当今的互联网时代，各类企业如雨后春笋般崛起，各种各样的新式工作岗位也是层出不穷，诸如猎聘、智联招聘、拉钩等互联网招聘方式的迅猛发展，对小李换工作也都将是有效助力。最后，该企业的前身毕竟是国企，资源平台较为丰富，加之部门同事都不愿干事，其实这正好给了小李自我展示的机会和平台，小李可充分利用充裕的时间学习更多的专业技能与知识，并利用平台资源，提升自己的综合素质与能力。

具体的行动方案，给小李两个建议：（1）持续更新自我简历，通过猎聘、智联招聘、拉钩及微信等互联网招聘渠道了解就业信息及岗位要求，适时找寻新的就业机会。（2）充分展示自我能力与价值，让公司领导发现并重用，比如创新工作内容、优化工作流程，针对工作中发现的问题或关键节点加以改进等，逐步获得大家的认可，争取在公司里获得更多的机会和更大的发展。（3）加强自我专业学习，提升综合素质。利用工作量小、时间充裕等优势，积极学习新的专业技能与知识，蓄势等待机遇。

**观点二**

我感觉小李的公司代表了很多国企、政府部门、事业单位非关键部门的普遍现状，因不涉及核心关键业务或者不担负主要的创收责任，这类部门通常是用来安置"关系户"（多为领导的亲朋好友）的，特点是工作相对稳定、工作内容相对简单、工资也比较稳定且不会太低。部门中的人员通常对工作量和完成质量的追求也不高，没有太大的事业心，以工作少、不出大差错为主要目标，部门工作效率通常较为低下，此外，由于不大涉及竞争，部门内部的人际关系通常都比较好，大家相处融洽。

基于以上分析，小李的去留问题主要还是看自己对工作的期望值，以及个人对工作的期望和付出是否能匹配。案例中并未详细说明小李对自己个人成长的希望：如业务熟练度、管理能力等，目前，小李的不满暂时集中在考核上面，一是工作认同感（付出与得到的评价）不足；二是对报酬不够满意。如果小李只是希望有体面和稳定的工作混混日子，那么此岗位真的是其最优选择：工作量少且不是部门最多、同事关系好，至于工资提升问题完全可以通过业余兼职等方式补足。但如果考虑到具体的能力提升和个人成长，小李还是应该认真衡量现状再决定去留。还有一点值得小李注意，那就是所谓的关系和背景通常只能决定一时，如果长期受此观念影响，放弃个人进取的机会，无论在哪个部门都不会有显著改观。

**观点三**

因为不清楚案例中小李的年龄及其他具体情况，所以针对几种主要情况做个不同的假设，然后给出不同的解决方案。

第一种情况，如果小李是毕业没几年的大学生，个人追求职业生涯的良好发展，那么现在最应该做的就是找一个能够持续锻炼自己各方面能力的工作及公司，在现公司这样干下去，小李基本会有两种结局，一是成为一个干活儿的，但是得不到应有的奖励和成就感，到最后被迫离开或者忍着；二是和大家一样，持续地混日子，但是小李又没有强大的"背景"，打算混日子的话可能也没法待太久，因为可能当时招他进来的主要目的就是需要一个干活儿的人，如果你的价值没有了，那也就没有留你的必要了。基于以上分析，如果小李各方面的能力都还不错的话，建议小李尽快寻找新的工作机会。对于打算好好发展的年轻人来说，此类公司或部门请尽量远离，它会慢慢把你各方面的能力和激情都消磨掉的。

第二种情况，如果小李毕业已有一段时间，工作方面追求的是稳定、安逸，那么也可以考虑留下来，在干好自己本职工作的前提下，研究一下部门内部的人员情况，以便让自己在比较复杂的内部关系中生存下去，甚至有所发展。根据案例中的信息，该部门其他人员考虑的主要事情就是尽量少干活儿，所以小李还是要在部门里多发挥自己各方面的作用，让部门领导看到自己的价值，至于绩效分数，部门领导的打分也可能是迫于各方面的压力，但是如果小李的价值足够大，高明的领导都会有所激励和表示的。作为一个没有背景的人员，在此类公司要想更好地生存下去甚至有好的发展，那就必须靠后天的工作能力和业绩，让领导看到你的价值，毕竟作为企业，最根本的还是要盈利和发展，所以务必要定位好自己的价值所在，才能有所改观。

第三种情况，如果目前的岗位工作量较小，工作及收入又比较稳定，时间和精力应该会有剩余，而小李本人若是脑筋比较灵活又有门路，不妨根据自己的实际情况和兴趣搞一些副业，比如经营个人店铺、做做兼职什么的，这类机会在互联网时代简直不要太多。

**观点四**

个人认为，案例中小李最大的问题是自己的心态问题。在国企中，熟人关系是比较普遍的事情，没有必要放大这件事情对自己的影响。可以看到，除了绩效评价受到不公正对待以外，小李对所在单位的工作、人际关系等还是比较满意的。

针对小李的想法，我对小李接下来的工作提出以下建议：

第一，如果小李是对职业发展有理想、有野心的人，建议努力提高自己的核心竞争力。无论是在本单位发展，还是跳槽去其他单位，掌握一门过硬的专业技能都是职场升迁的必要条件，同时也是掌握主动权的前提条件；当练就了过硬的专业技能，市场价值也会得到认可。这样一旦发现所在单位没有更大的发展空间，也能凭借自己的能力跳到一个更好的平台去施展才华。所以，如果小李是有职业追求的人，我建议他把视野和格局放大，暂时忽略周围一些不公平的小事，把所有的精力都放到自我提升上面。

第二，如果小李属于那种希望工作清闲、追求小资生活的人，我建议还是留在目前的部门吧，因为该部门工作简单、压力小。为避免待遇不公而导致的心情不愉快，小李必须认清现状，调整自己的心态。

目前的单位保留了国企做派，本就有关系户优先的潜规则，所以接受现状才能待下去；同时也要维护好和领导的关系，并找适当的机会和领导谈一谈待遇方面的事情，希望待遇不公平的问题能得到一定缓解，只是不要抱太大希望就是了。

第三，如果小李想留在轻松的部门，同时又对工作有一定的追求，建议留在目前的部门，同时也要努力提高专业技能，因为再清闲的岗位也要以业务能力为依托，业绩永远是晋升的阶梯。同时，注意跟领导搞好关系，也要跟同事和谐相处；当一个人在单位中有较强的业务能力、良好的人际关系，那么当他有一定资历的时候，大概率就不再会受到不公平的对待了。

**观点五**

先概括一下案例的事件和问题——小李在部门里的工作量能排前3，但是年终考评却差不多是垫底的；小李将此归因于自己没背景，于是开始考虑是否继续留在这个单位。我认为，是走是留还要看小李自己的定位和取舍。

如果小李倾向于稳定清闲的工作、安稳的生活和相对小的生活压力，那现在的工作其实是很合适的。小李只要留下来，逐步适应企业文化和氛围就可以了。没有背景，但是可以积累资历，营造自己的"势"。如果部门的年终考核具有"末位淘汰"性，即每个等级都必须有人，那小李就先忍几年吧；刚来单位两三年就想与背景深、资历老的员工评级一样，估计不太现实。但是随着小李工作年限的累积，以及业务表现上的日益出色，这个评级可能会有变化，再说部门肯定还会有新人入职，小李应该不会一直是那个垫底的吧。另外，这个部门既然是一个讲关系的地方，那小李可以去结交几个知己，积攒自己的人脉，同时和领导搞好关系，成为圈子里的"自己人"，也许两年、三年之后，就不会再把小李评成 C 级了。再退一步，目前都这样子了，即使再差也不会差到哪儿去了，干脆自己图个轻松安稳好了。

如果小李想在事业上有所突破，追求干一番事业，或者非常看重公平，那么还是当机立断，立刻去寻找下一个工作机会。当然对于目标单位一定要事先做好考察。以我个人的经历为例，我在一个基层公务员单位工作，大学刚毕业即入职，当时踌躇满志，一心想要认认真真做事，但是周围的同事似乎很清闲，每天就是喝喝茶、聊聊天，做事只是很小一部分，而且都是做给领导看的。工作第一年，我初生牛犊不怕虎，像个斗士一样，什么都是"放着我来"；第二年我对工作环境特别失望，想要辞去"铁饭碗"，每天去上班就像刀架在脖子上；现在工作五年了，我的心态平和了很多，对很多事情都释然了，我想自己的主要错误在于要求别人太多，而要求自己太少，几点感悟如下：

第一，不能要求人人和你一样。年轻人想要努力奋斗并得到认可，可对别人来说，可能过去的十几年和未来的二十几年都想要这么过，旱涝保收挺不错的，他们的目标只是不出大错就可以了。

第二，低头做事，不要攀比。我以前的副科长就是个欺上瞒下的笑面虎，非常滑头，会讨领导欢心，领导来了工作做一做，领导不在的时候就推给别人，还经常趁领导不在的时候溜出去干自己的事，而我哪怕是真的有事出去一下，都会给我记半天考勤。另一个副科长是比较霸道的，说话颐指气使，大家本着"多一事不如少一事"的原则，都尽量不得罪她。这俩因为一个会说好听话，一个是刺头难管，领导就睁一只眼闭一只眼；我当时觉得领导没有一碗水端平，心里很不服气，喜欢争执，还经常生闷气。现在想想，当时自己真是不成熟，那么宝贵的时间和精力何必同她们计较呢，与其要求别人，不如做好自己。

第三，别和工作谈恋爱，别太认真。刚入职的时候，工作中领导的一句话我都特别当回事儿、特别往心里去，即使是无心之失都会痛苦很久，有时候实在忍不住就去找领导谈话、反省、道歉，结果发现领导早已经忘了。所以别太死心眼儿，千万别和自己过不去。

第四，现实中很多事情不是非黑即白，要相信人情世故。对于传统文化中倡导的"人情练达即文章"，以及很多职场培训中提到的"重要的是做人，其次才是做事"，我一度嗤之以鼻；工作多年以后，我逐渐意识到，不同的社会阶段自有其一定的社会交往准则，生活在社会中，就是要以社会人的标准来要求自己，于是慢慢地能理解和把握成熟处事与圆滑世故的区别了，总之自己问心无愧就好了。

第五，别人说的话，随便听一听就好了。我所在的部门里，也有一些同事经常牢骚满腹，说这个不是，说那个不好，对领导安排的工作不满意，把我当知心人一样，告诉我很多所谓的"内幕"。我特别认真地听，然后还就真的跑到领导面前去质问领导，或者真的对某某心生怨念，且全都挂在脸上。事后才发现，跟我吐槽的同事跟没事儿人一样，和她"讨厌"的"品行恶劣"的同事有说有笑，也能把领导布置的"不合理的"工作完成得很好拿给领导看。当时我是很震惊的，当然也痛恨自己的傻和蠢。所以，不要太过相信别人所言，更不要受他人影响，凡事要有自己的思考和主见。

第六，天上不会掉馅饼，做个有心人。我所在的单位满五年才能参加中央遴选或者北京市遴选等其他考试，就是不希望人员流动太快。我一直以为，北京市的生源不会被这个规定限制，结果只是一厢情愿。我为这件事情耿耿于怀很久，却也不得不接受这个现实。直到今年，我才终于上了一回国家遴选考试的考场，翻开试题的时候，我顿时豁然开朗，试题内容并不难，也不突兀，都是日常工作中会用到的，比如公文、讲话稿、调研报告等，幸好自己平时工作还是认真努力的。生活总是有小曲折，有些让你始料未及，但很大一部分还是可以把握的；如果肯做个有心人，踏实做好每一件事，多思考，多历练，把每一项任务都当作积累，就没有什么是来不及的。

以上是我工作以来的一点儿体会，可能有人觉得小儿科，不值一提，但这真的是我的血泪教训。

如果小李想继续留在目前的单位和部门，我也从自己的经历出发给小李提几点建议吧。

第一，做好自己，不要攀比。既然是论资排辈的单位，那就接受它，苦练内功，让自己在业务上独当一面，不可或缺。踏实工作，眼睛不要老是盯着别人干了多少，而要想想自己还有哪些不足，还有哪些可以进步的空间。职场上没人为你的成长负责，除了你自己。

第二，融入环境，积攒人脉。不要尝试改变环境，要调整自己去适应它。必须要树立的一个观念是：做事是工作的一部分，与他人的沟通交流也是工作的一部分。与其和领导的亲朋好友们比背景，不如用实力说话，维护和发挥自身优势，构建自己的人脉关系网。尽可能与人为善、不树敌，善于发掘平台价值。

第三，建立自己的行事风格，学会说不。不要怕得罪人，要有自己的工作原则，有些事情可以商量，有些事情就是要说不。对于别人推过来的活儿，要视情况而定，不能一味退让，当然也要讲技巧，学会巧妙又合时宜地回绝。

当然，对于小李来讲，目前"骑驴找马"也是个不错的选择，默默提升实力，积攒好必要的条件，万事俱备就潇洒离开。

## 总结评述

这个故事具有相当的普遍性。我们其实和小李一样，之所以会感到困惑和迷惘，往往是因为期待太多。我们既想做自己喜欢且擅长的工作、实现自我价值，又想得到丰厚的薪资福利、让生活过得富裕优雅，还想拥有和谐愉悦的人际关系……这种状态在现实中不能说完全没有，但一定是非常罕见的；对于绝大多数人来讲，若干期许能达到一二就已经不错了。

这个案例和之前的案例4-4其实非常相似，说到底都是"你自己究竟想要什么"的问题。观点五的作者非常真诚，结合自己的亲身经历总结了若干"血泪教训"，也提出了实用可行的建议，值得我们学习和借鉴。其实从大家的总结和建议中不难发现，时间和经历就是最好的导师，很多感悟和成长其实都来自岁月的累积。一些当时怎么都看不惯、想不通的事情，若干年后回头一看，云淡风轻。

　　退一步讲，换一个岗位、部门或者单位，情况就一定会有所改变吗？其实很多人都高估了自己对于改变的承受能力，换句话说，面对多个自己在意偏偏又相互牵制的外在条件，哪个都不甘心放弃——既不想舍弃当前工作的轻松，又怕承担责任带来的风险，还想在职位层级上更进一步……最后的结果往往就只剩抱怨了："现实太残酷了，什么都要有靠山、凭关系，像我这种普通人不可能有啥机会的……"事实上，在越来越市场化的今天，真正优秀的人被埋没的概率也越来越小了。因此，要想实现自己的目标，无非是两个方向，要么降低预期，要么更加努力；一定要认清自己的优势和不足，以及为了达到目的所能放弃的是什么。

# 主要参考文献

［1］陈潭．行政管理案例分析［M］．北京：北京大学出版社，2015.

［2］陈慧，殷波．步步为赢：职场高效晋升六阶［M］．北京：人民邮电出版社，2016.

［3］董明．领导艺术：一门可操作的学问［M］．北京：科学出版社，2011.

［4］汉斯·罗斯林，欧拉·罗斯林，安娜·罗斯林·罗朗德．事实：避免情绪化决策［M］．张征，译．上海：文汇出版社，2019.

［5］侯书森．非凡领导艺术是如何炼成的［M］．北京：国家行政学院出版社，2010.

［6］康青．管理沟通（第2版）［M］．北京：中国人民大学出版社，2018.

［7］刘建军．领导学原理：科学与艺术（第4版）［M］．上海：复旦大学出版社，2013.

［8］刘平青，等．领导力与项目人力资源管理：中国职场的工作技能与领导力自我开发［M］．北京：机械工业出版社，2013.

［9］刘平青，等．员工关系管理：中国职场的人际技能与自我成长（第2版）［M］．北京：机械工业出版社，2017.

［10］鲁贵卿，雪静．多数人能走的路：一位董事长写给职场人的心里话［M］．桂林：广西师范大学出版社，2016.

［11］彭忠益．行政领导学概论［M］．北京：清华大学出版

社，2015.

[12] 石磊. 中国人职业生涯规划必修课：组织政治、人际关系、职场规则 [M]. 成都：西南财经大学出版社，2010.

[13] 苏豫. 职场中的心理学：职场中绕不开的 67 个心理学定律 [M]. 北京：化学工业出版社，2010.

[14] 王乐夫. 领导学：理论、实践与方法（第 4 版）[M]. 北京、广州：高等教育出版社、中山大学出版社，2013.

[15] 尤元文. 领导决策论 [M]. 北京：社会科学文献出版社，2012.

[16] [美] 埃里克·帕帕. 成为高效抉择的领导者：通过自我管理提升领导有效性与影响力 [M]. 张明玖，译. 北京：电子工业出版社，2013.

[17] 章文燕，崔兴伟，章林京. 管理沟通：有效沟通与时间管理 [M]. 上海：上海交通大学出版社，2017.

[18] 郑一群. 工作是一种修行：拯救职场幸福感 [M]. 贵阳：贵州人民出版社，2014.

[19] 曾仕强，刘君政. 最有效的激励艺术 [M]. 北京：北京联合出版公司，2011.

[20] 曾仕强. 在中国如何当领导 [M]. 北京：北京大学出版社，2011.

[21] 朱立言. 行政领导学 [M]. 北京：中国人民大学出版社，2011.

# 后　记

　　时光飞逝，这一部案例集已经是领导力与决策案例系列的第三部了。"领导力与决策"一课恰好完成两轮授课之际，我尝试着编写了第一部案例集；随着第三轮授课的完成，案例编写的素材又逐步积累起来，于是编纂和出版了第二部案例集；接下来的几年中，"互动讨论式教学"的模式一直在延续，也得到了广大同学的认可。先期毕业的同学们积累下来的宝贵经历和经验总结为后来的同学们提供了很多启示和借鉴，毕竟相近年龄的经历和困惑总是类似的。近年来，外部大环境又出现了不少新的变化和趋势，如机关事业单位人事制度的改革、人口出生率的下降及相应的人口政策变化、年轻人创业大潮的起起落落……另外，MPA在读学生的年龄结构也日趋年轻化，越来越多的同学选择在工作年满3年之际即报考和就读，这也从一个侧面反映了现实竞争的压力和工作实践对于各种能力的全方位更高要求。在这样的背景下，同学们提出的故事和问题也"与时俱进"地反映了时代的进程和特点。

　　在第二部案例出版之后近5年，我们终于又积累并精选出了一系列新的案例，希望这些凝集了诸多同学真知灼见的案例及相关分析能让更多人获益。于我而言，这些案例和故事时时勾起我对于课堂讨论的种种回忆，甚至一些同学发言时的音容笑貌都历历在目，因此，这部案例集也算是对美好时光的一个记录吧。

　　在本书付梓之际，首先要衷心感谢2016级的MPA的同学们——林珊、冯文静、张金慧、邹叔君、李欣欣、栾柳、穆康燕、毛倩郁、郭永水、田剑锋、张海涛、王睿、杜春阳、王泽亮、郎腊梅、王加冕、王盼盼、李腾、安芬奇、程志飞、张建华、李璐、张佳玮、孙昕然、王娟、梅迎雪、倪丽文、李文涛、张雯静、赵梦迪、郭倩、佟欣然、姜正红、孙越、王晶、朱涵、刘春阳、简骁、徐梦楠、杨宝伟、王璐、孔丽华、张晴、杨棋茗、封高飞、张瑞、武鹏飞、宫丽欣、张文杰、陈伟、熊文瑞；2017 级的 MPA 的同学们——常彤、陈淑静、陈斯、陈宇、崔盛业、单梦竹、邓舒洁、邓文达、丁嘉鹏、董欣月、鄂李然、葛朝霞、耿昊、谷肖宇、何宇、黄锡琴、贾瑞芳、姜雪、李婧森、李孟、李轶青、李玥、励荆晶、梁艳、刘敏、刘艳霞、刘莹、刘颖、刘耘、路晓箭、马强、马越、苗诗韵、闵鑫鑫、牛舢、钱驰勋、孙楠、田振楠、汪蔚、王东子、王石、王文栋、王征、谢腾飞、徐丹、闫琳、杨喆、余洋、曾澄欢、张蓝玉、张銮明、张睿、赵晓曼、郑笑元、周楠、周洋、朱丽；2018 级的 MPA 的同学们——安宁、蔡静怡、陈浩、陈园园、崔琮琪、崔馨月、刁根才、董耀茹、冯姝玲、高超、葛鹏飞、胡士祥、黄焕铿、黄银、霍然、纪陈想、敬娅、康美君、刘振江、李远鑫、刘嫦、刘婕、刘璐妮、刘锐、刘智杰、陆充、伦林、马和子、王钢、彭伟博、彭旭兰、邱高强、孙闻健、王家琴、王艳红、王运菲、夏一萌、杨芳、谢丹、徐通、许佩佩、许永康、闫建超、由颖、张杰辰、张娟娟、张雷、张添翼、张婉、赵冉、智桐、庄静。感谢大家对这一尝试性的课程组织方式给予充分的包容和支持，并积极贡献了大量鲜活生动的案例素材，以及自己在工作中的经验和思考，本书正是大家智慧的结晶。你们的故事和高明见解让我受益良多，你们坦诚的批评和不同的视角也让我不断地自我反思和改进。

最后，感谢北京师范大学研究生院对本书出版的资助。

高 颖

2019 年 9 月